SENTENCES, MAXIMES

ET

PROVERBES

MANTCHOUX ET MONGOLS

DU MÊME AUTEUR

MANUEL PRATIQUE DE LA LANGUE CHINOISE VULGAIRE — Contenant un choix de dialogues familiers et différents morceaux de littérature, précédés d'une introduction grammaticale et suivis d'un vocabulaire de tous les mots renfermés dans le texte.

Paris, 1846, grand in-8°, FIRMIN DIDOT.

(Ouvrage épuisé)

—

SOUS PRESSE

Pour paraître successivement :

LE SAN-TZEU-KING, — Texte mantchou et mongol, avec la traduction française et des notes historiques et grammaticales.

ÉLÉMENTS DE LA GRAMMAIRE MANTCHOUE, — Traduits du latin du père Verbiest, avec les caractères mantchoux ajoutés à tous les exemples.

LA BOUSSOLE DES ÉTUDIANTS, — Dialogues mantchoux et mongols, texte et traduction française.

LE LUN-YU, — Les Entretiens de Confucius avec ses disciples, — Traduction nouvelle du chinois, et revue sur les deux versions mantchoues de 1691 et 1755.

SENTENCES, MAXIMES

ET

PROVERBES

MANTCHOUX ET MONGOLS

ACCOMPAGNÉS

D'UNE TRADUCTION FRANÇAISE, DES ALPHABETS ET D'UN VOCABULAIRE
DE TOUS LES MOTS CONTENUS
DANS LE TEXTE DE CES DEUX LANGUES

—

OUVRAGE

DESTINÉ A SERVIR D'INTRODUCTION A L'ÉTUDE COMPARATIVE
DES LANGUES TARTARES DE L'ASIE CENTRALE

PAR

LOUIS ROCHET

Membre de la Société Asiatique

PARIS

MAISONNEUVE et Cie
Libraires Éditeurs
ANCIENNE MAISON TH. BARROIS
(A la Tour de Babel)
15, QUAI VOLTAIRE, 15

ERNEST LEROUX
Libraire-Éditeur
DE LA SOCIÉTÉ ASIATIQUE ET DE L'ÉCOLE
DES LANGUES ORIENTALES VIVANTES
28, RUE BONAPARTE, 28

—

1875

Si l'on a égard au développement que les études orientales ont pris en Europe depuis un certain nombre d'années, on doit être surpris de l'espèce d'abandon dans lequel se trouve placée l'étude des langues de l'Asie moyenne : il me semble pourtant que la culture des idiomes tartares pourrait offrir un attrait important, capable de fournir de nombreux matériaux pour l'histoire des peuples et des races du centre de l'Asie ; que, de plus, cette étude servirait à remplir un vide dans le travail philologique de la grammaire générale.

Aussi, lorsque je commençais à m'occuper de la langue chinoise, il y a bien longtemps déjà, je fus frappé de l'importance du mantchou, et combien la connaissance de cette langue devait apporter de facilités pour l'interprétation des textes chinois; en cela, je ne trouvais rien de bien nouveau, sinon, que j'adoptais les idées des illustres missionnaires français du siècle dernier, et que je suivais les bons conseils du plus savant sinologue de notre époque, M. Stanislas Julien, qui répétait toujours que l'on devait joindre l'étude de cette langue à celle du chinois.

Mais en abordant l'étude du mantchou, je ne savais pas d'abord où j'allais être entraîné; bientôt après, je m'aperçus que je devais y joindre celle du mongol dont les analogies grammaticales avec le mantchou sont si nombreuses, qu'elles devaient m'aider à comprendre plusieurs points obscurs de la grammaire, car c'est par la comparaison de l'étude simultanée de ces deux langues que je suis parvenu à résoudre bien des difficultés et à lever des doutes, que dans la plupart des cas je n'aurais pas pu vaincre, si je m'en fusse tenu à la culture isolée de l'une ou de l'autre langue.

Ajouterai-je maintenant que si la langue de la dynastie qui gouverne la Chine depuis 250 ans, a été jusqu'à ce jour fort peu étudiée en Europe, que dois-je dire du mongol, qui n'a pas encore à peine franchi les frontières de la Russie.

Aussi, est-ce poussé par ces diverses raisons, que je me décide à publier, à titre d'essai, ce modeste volume approprié à l'étude des deux principaux idiomes tartares. Si ce travail est accueilli favorablement, il sera suivi aussitôt de travaux plus importants, achevés depuis longtemps, et qui, si le courage ne me fait pas défaut, vont être successivement livrés à l'impression.

Quant aux sentences et proverbes que l'on trouvera dans ce volume, ils sont tirés des livres originaux ; un certain nombre, parmi le texte mantchou, ont déjà été publiés par Klaproth, dans sa Chrestomathie, mais la plus grande partie vient des livres classiques mantchou-chinois.

J'aurais voulu pouvoir donner pour les deux langues deux textes correspondants, ce qui aurait facilité la comparaison grammaticale des deux idiomes, mais, malgré ma bonne volonté, je n'ai pu le faire; les livres mongols sont rares ou plutôt n'existent pas en France. Pourtant, j'en ai pu rassembler une quarantaine qui, placés à la fin, pourront offrir cet avantage d'être les mêmes dans les deux parties.

Ne voulant pas en ce moment me laisser entraîner à faire l'histoire des peuples de l'Asie centrale, de leurs migrations, de leurs conquêtes au moyen-âge, de leurs mœurs et de leurs langues, je crois devoir arrêter ici cette courte préface, et la terminer d'une façon plus fructueuse en la faisant suivre d'un aperçu succinct, une sorte de résumé grammatical.

Les langues tartares s'écrivent en lignes perpendiculaires, qui se lisent de gauche à droite.

Les caractères. qui servent à écrire ces deux langues ne sont autres que ceux des anciens Ouigours, imparfaitement modifiés par les Mongols, mais augmentés et portés à un véritable état de beauté et de perfection par les Mantchoux.

La construction, complètement inverse, est le signe caractéristique et fondamental de la phrase dans les langues tartares; pour bien comprendre une phrase tartare, il faut faire attention d'abord au sujet, qui, nom ou pronom, est ordinairement placé en tête; aller ensuite chercher le verbe à la fin, puis remonter vers l'objet et aux diverses modifications qui peuvent lui être attribuées.

Ces langues n'ont pas d'article, non plus que les noms de genre grammatical, ni de pluriel. Si l'on veut absolument indiquer la pluralité, on se sert de différents mots qui indiquent la quantité; pourtant, les Mongols ont plusieurs terminaisons qui, ajoutées aux noms, marquent le nombre.

La déclinaison chez les Mantchoux se borne au génitif, datif, accusatif et ablatif. Les Mongols, non-seulement ont l'instrumentif et le comitatif en plus, mais, comme caractère particulier, cette langue a une double déclinaison, que l'on peut appeler possessive, car, à la signification ordinaire des cas, elle apporte la valeur du pronom possessif.

Les particules qui indiquent les cas peuvent, en mantchou, être isolées du nom ou accolées; dans le mongol, elles restent toujours isolées.

Quant à la position des mots entre eux, le génitif précède toujours le nom qu'il définit; l'accusatif toujours le verbe; le cas indirect le cas direct: l'adjectif le substantif.

Les pronoms n'ont rien de particulier, si ce n'est que leur emploi est autant restreint que possible.

La racine du verbe est l'impératif; les verbes sont soumis à plusieurs formes que l'on peut appeler passives, causatives et collectives; de plus, en mantchou, le verbe peut être considéré comme ayant quatre sortes de conjugaisons, qui sont : l'affirmative, l'affirmative interrogative, la négative et la négative interrogative.

Les modes et les divers temps, auxquels il ne faut pas attacher la précision qu'ils prennent dans nos langues, sont à peu près les mêmes ; mais, chose nécessaire à remarquer, c'est que les Tartares, ne possédant qu'un nombre fort restreint de conjonctions, remplacent ces dernières par le gérondif et le conjonctif, qui ont dans ces langues de nombreuses formes.

Les prépositions n'existent pas ; elles sont remplacées par de véritables postpositions ; les adverbes et les conjonctions, en fort petit nombre, n'ont rien de particulier.

Voici en quelques mots ce qu'il y a de plus important dans la grammaire des langues tartares. Je pense que ces quelques remarques pourront suffire aux personnes qui voudraient commencer elles-mêmes l'étude de ces langues, qui leur ouvriront un champ tout nouveau et presque complètement inconnu jusqu'à ce jour ; car, si les Mantchoux ne possèdent pas une littérature originale bien considérable, il n'en est pas de même des Mongols et des Kalmouks qui, en outre des traductions théologiques des livres bouddhiques, possèdent un nombre considérable de poèmes, de romans et de livres historiques.

Première Partie

TEXTE MANTCHOU

ET

TRADUCTION FRANÇAISE

VALEUR	SEULES	INITIALES	MÉDIALES	FINALES	DEVANT une CONSONNE	OBSERVATIONS
A						La seconde forme finale se place seulement après les lettres B, K, G et KH.
E						
I						
O						
OU						
Ô						
NG						Forme notre son nasal.
N						
K						Ces trois lettres se placent seulement avant ou après les voyelles A, O et Ô.
G						
KH						
B						
P						
S						
CH						
T						Devant les voyelles A et O.

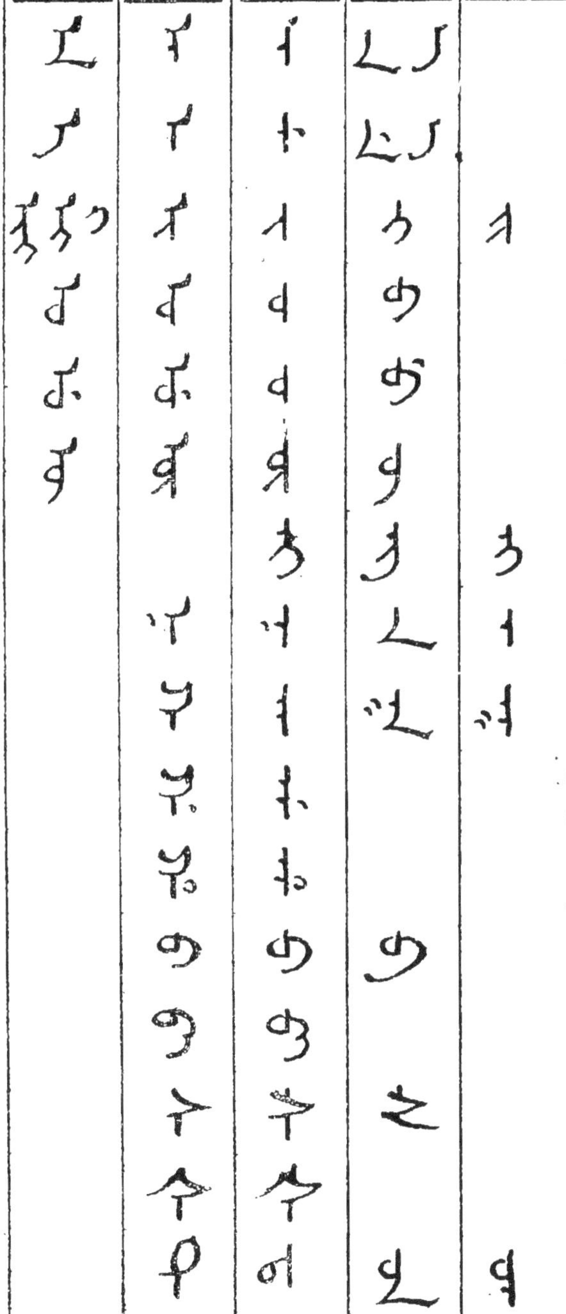

VALEUR	SEULES	INITIALES	MÉDIALES	FINALES	DEVANT une CONSONNE	OBSERVATIONS
T		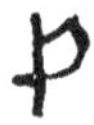	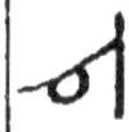	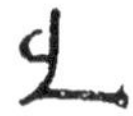	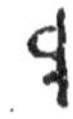	Devant les voyelles E, I, OU et Ô.
D		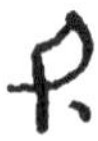	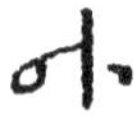			Devant A et O.
D		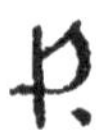	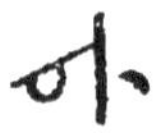			Devant E, I et OU.
L		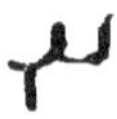	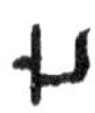	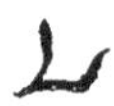		
M		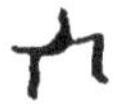	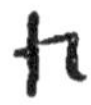	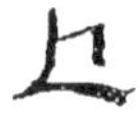		
TCH		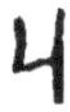	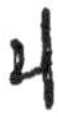			
DJ		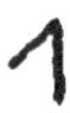	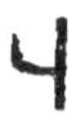			
Y		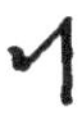	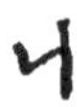			Semi-consonne.
K		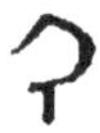	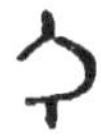			Ces trois lettres se placent seulement avant ou après les voyelles E, I et OU.
G		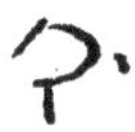	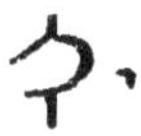			
KH			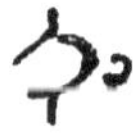			
R		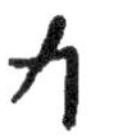	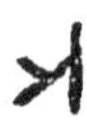	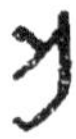		
F		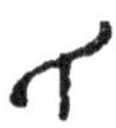	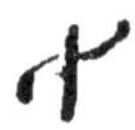			Devant A et E.
F		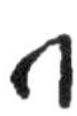	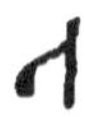			Devant I, O et OU.
W						Semi-consonne; se trouve seulement avant ou après les voyelles A et E.

VALEUR	SEULES	INITIALES	MÉDIALES	FINALES	OBSERVATIONS
AI	ᠠᡳ	ᠠᡳ	ᠠᡳ	ᠠᡳ	Dans le milieu d'un mot, ces diphthongues doivent être suivies d'une consonne.
EI	ᡝᡳ	ᡝᡳ	ᡝᡳ	ᡝᡳ	
OI	ᠣᡳ	ᠣᡳ	ᠣᡳ		
OUI	ᡠᡳ	ᡠᡳ	ᡠᡳ	ᡠᡳ	
			DIPHTHONGUES DISSYLLABIQUES		
IYA			ᡳᠶᠠ	ᡳᠶᠠ	Ces diphthongues dérivent de deux syllabes ; elles doivent toujours être précédées d'une consonne.
IYE			ᡳᠶᡝ	ᡳᠶᡝ	
IYO			ᡳᠶᠣ	ᡳᠶᠣ	
IYOU			ᡳᠶᡠ	ᡳᠶᡠ	
OWA			ᠣᠸᠠ	ᠣᠸᠠ	
OWE			ᠣᠸᡝ	ᠣᠸᡝ	
OUWA			ᡠᠸᠠ	ᡠᠸᠠ	
OUWE			ᡠᠸᡝ	ᡠᠸᡝ	
ÔWA			ᡡᠸᠠ	ᡡᠸᠠ	

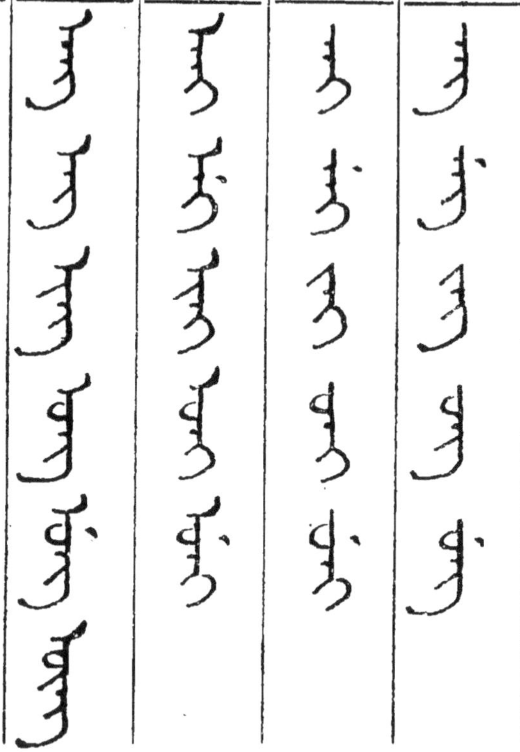

VALEUR	SEULES	INITIALES	MÉDIALES	FINALES	OBSERVATIONS
ANG					Ces syllabes offrent seulement un peu de difficulté à la lecture; il faut y faire grande attention.
ENG					
ING					
ONG					
OUNG					
ÔNG					

LETTRES INVENTÉES POUR SERVIR A LA TRANSCRIPTION DES MOTS CHINOIS ET ÉTRANGERS

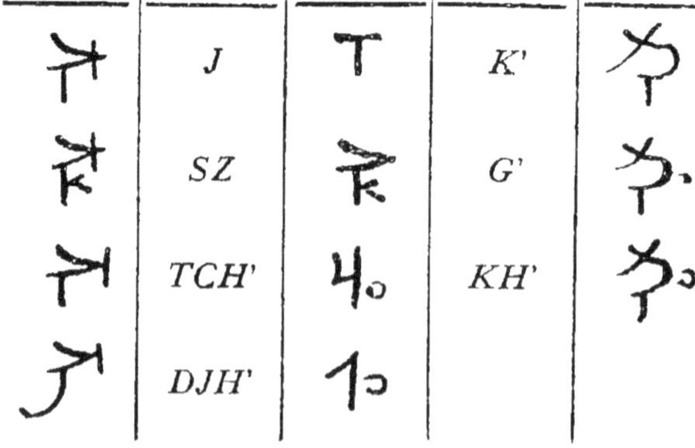

VALEUR		VALEUR		VALEUR	
TS'		*J*		*K'*	
TZ'		*SZ*		*G'*	
TSZ'		*TCH'*		*KH'*	
TZ		*DJH'*			

Les voyelles *A*, *I*, *O* et *OU*, ont notre son ordinaire.

E, avec le son ouvert ; *Ô*, *o* long.

NG, indique après une voyelle notre son nasal.

N, n'a jamais le son nasal, toujours comme deux *n*.

K, notre *k*; *G*, notre *g*, mais toujours dur.

KH, son aspiré comme le *jota* espagnol ou le *ch* allemand.

B, notre *b*, quoiqu'au commencement des mots il prend plutôt le son du *p*.

P et *CH*, rien à dire ; *S*, prend ordinairement le son *ch* devant l'*i*.

T et *D*, rien à dire ; de même pour les lettres *L*, *M*.

TCH et le *DJ*, se prononcent aussi comme *ts* et *dz*, surtout devant l'*i*.

Y, notre *y* français.

Pour la seconde forme de lettres, *K*, *G* et *KH*, voyez ce qui a été dit plus haut; seulement, le *g* toujours dur, comme dans les mots *guerre*, *guide*.

R, son ordinaire ; cette lettre ne commence jamais un mot mantchou.

F, prend souvent aussi le son d'un *v*.

W, le son anglais.

1. [illegible]

2. [illegible]

3. [illegible]

4. [illegible]

5. [illegible]

6. [illegible]

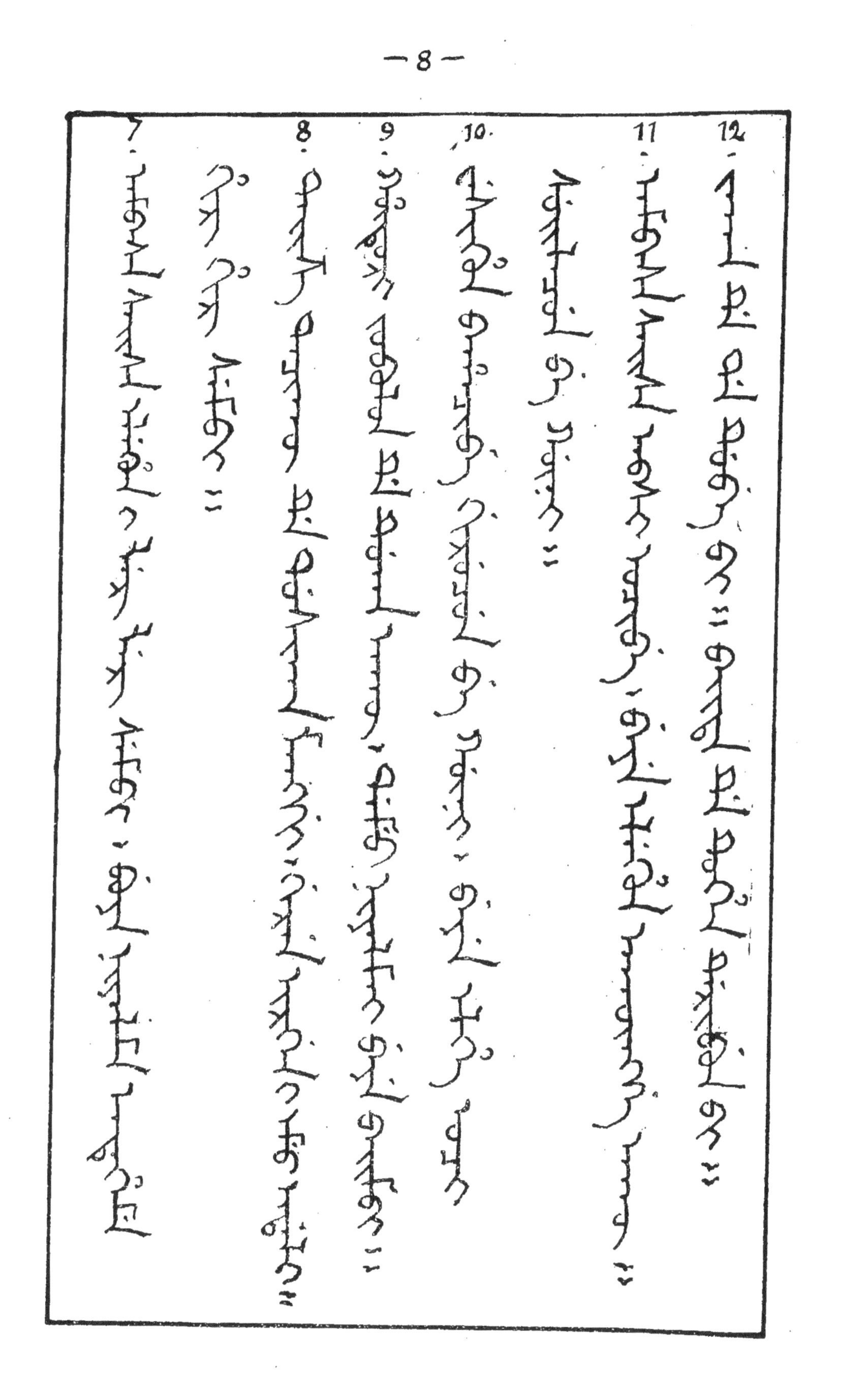

12. [illegible]

11. [illegible]

10. [illegible]

9. [illegible]

8. [illegible]

7. [illegible]

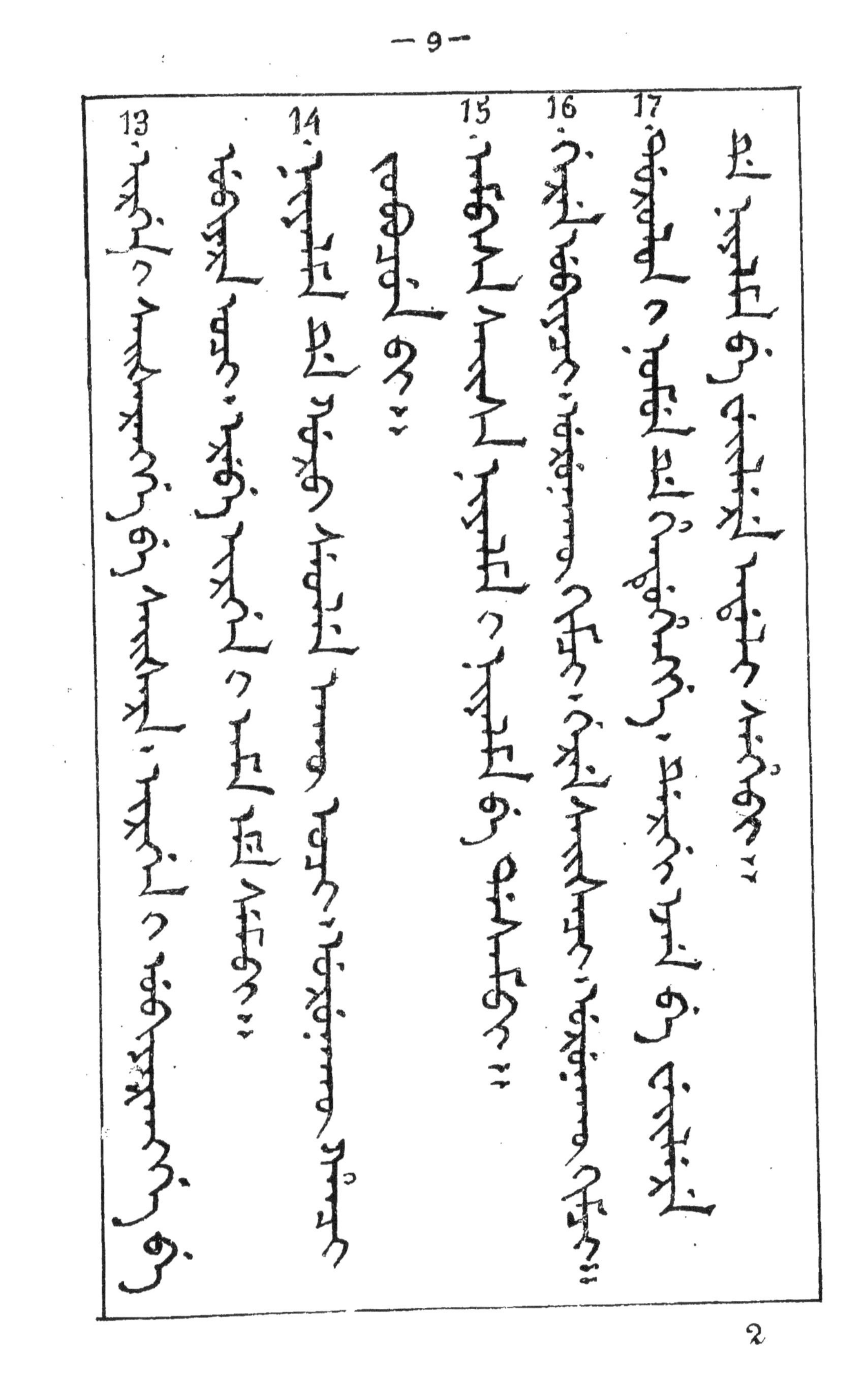

13 [illegible]

14 [illegible]

15 [illegible]

16 [illegible]

17 [illegible]

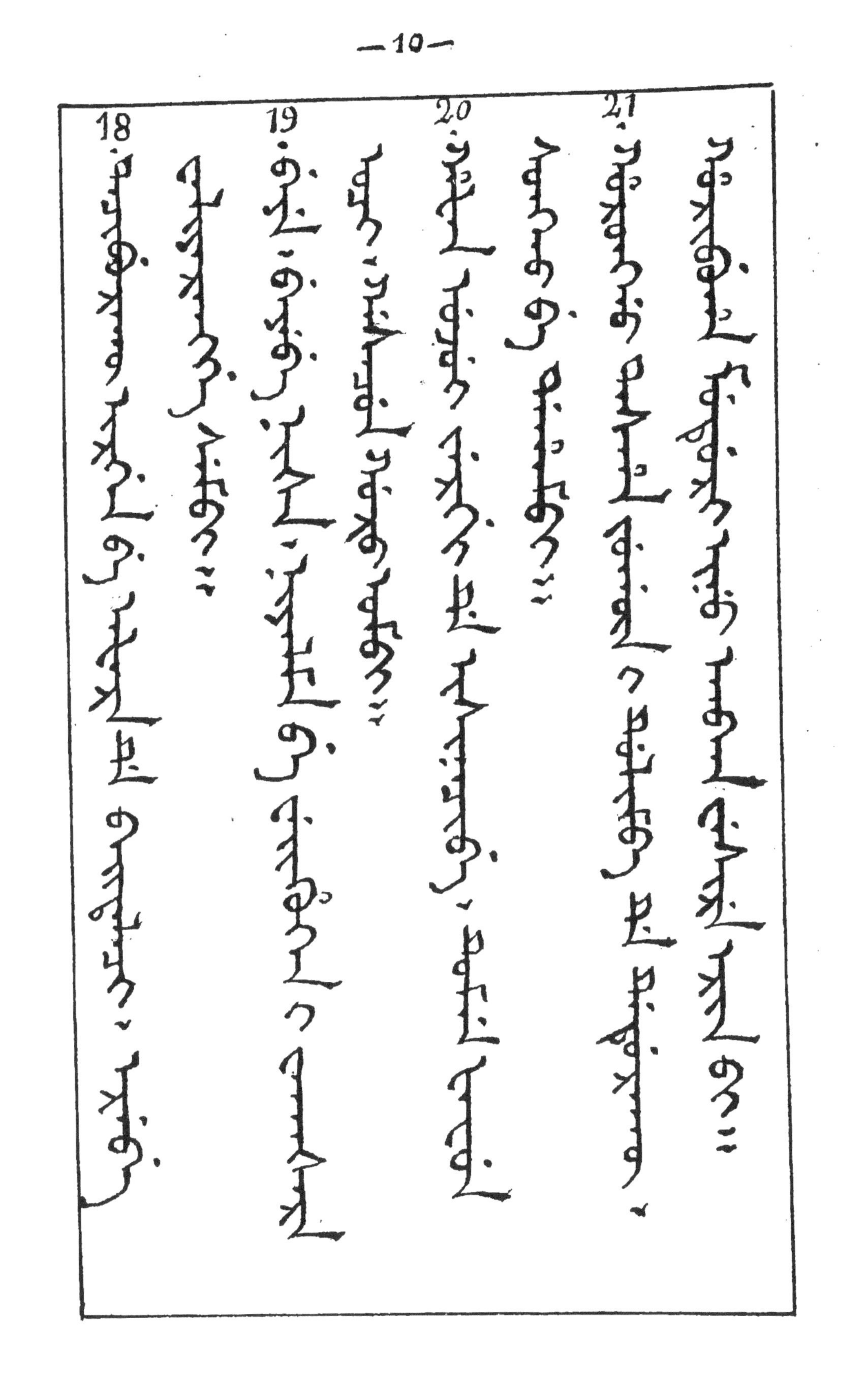

18 [illegible]

19 [illegible]

20 [illegible]

21 [illegible]

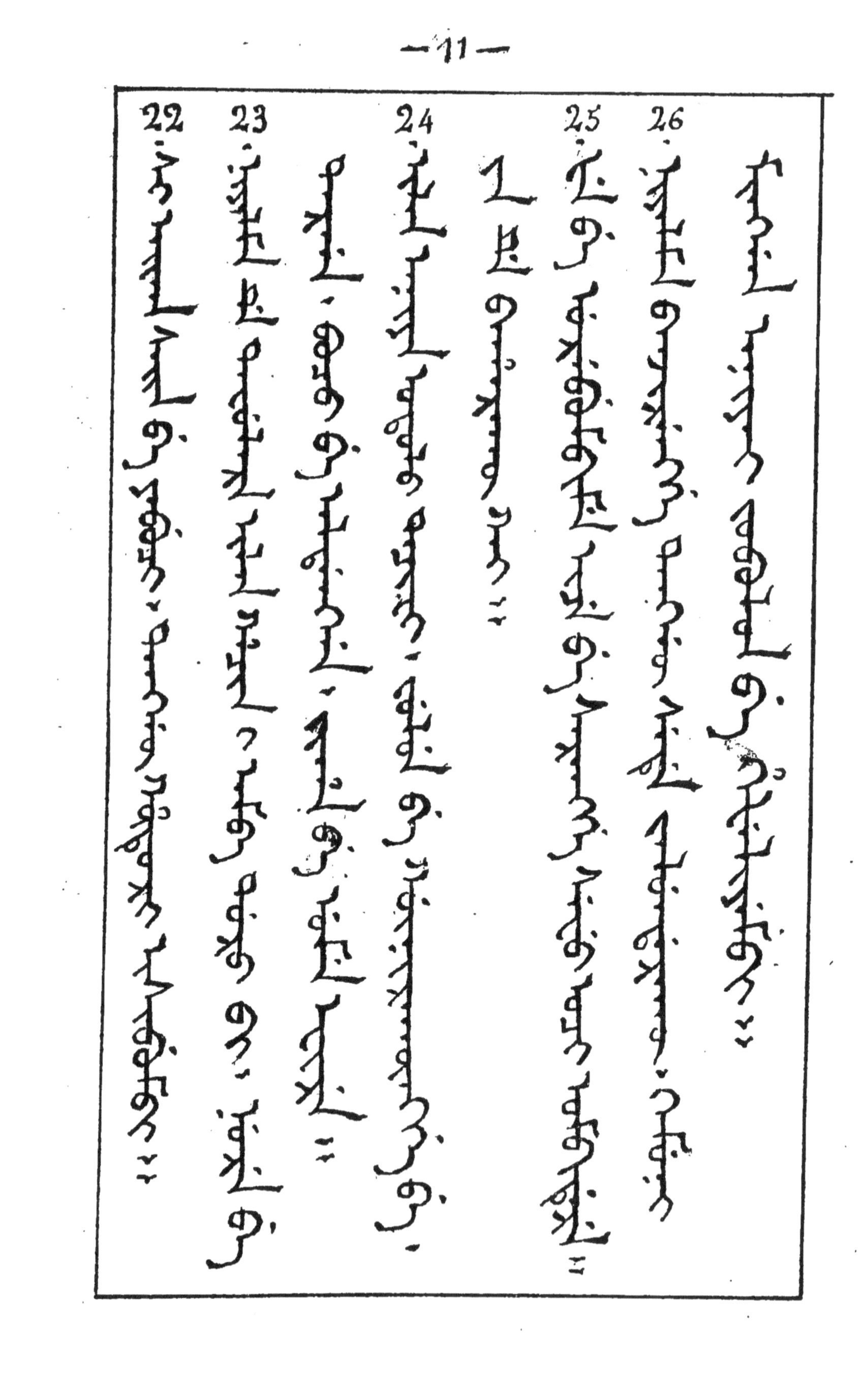

22 [illegible]

23 [illegible]

24 [illegible]

25 [illegible]

26 [illegible]

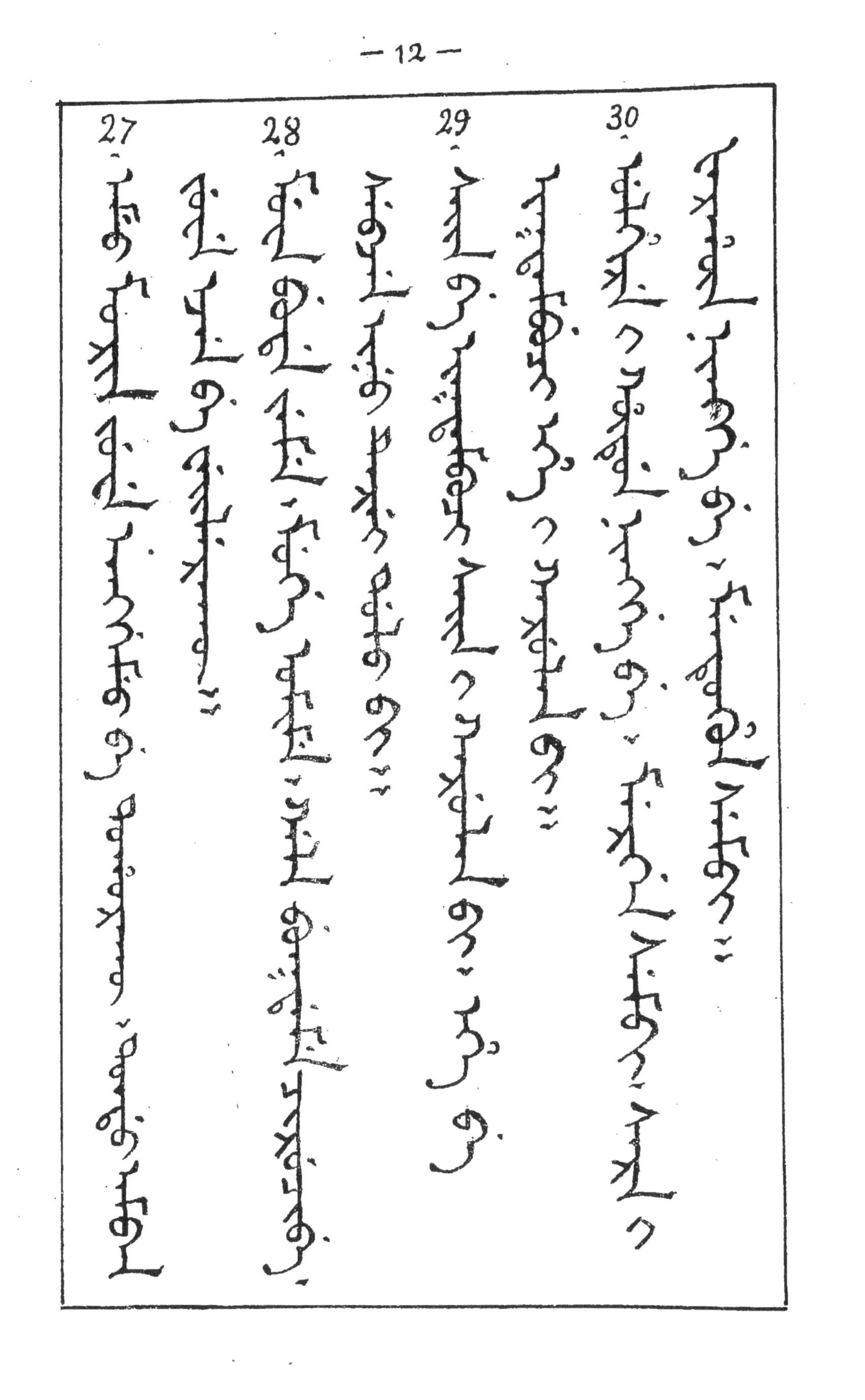

27 [illegible]

28 [illegible]

29 [illegible]

30 [illegible]

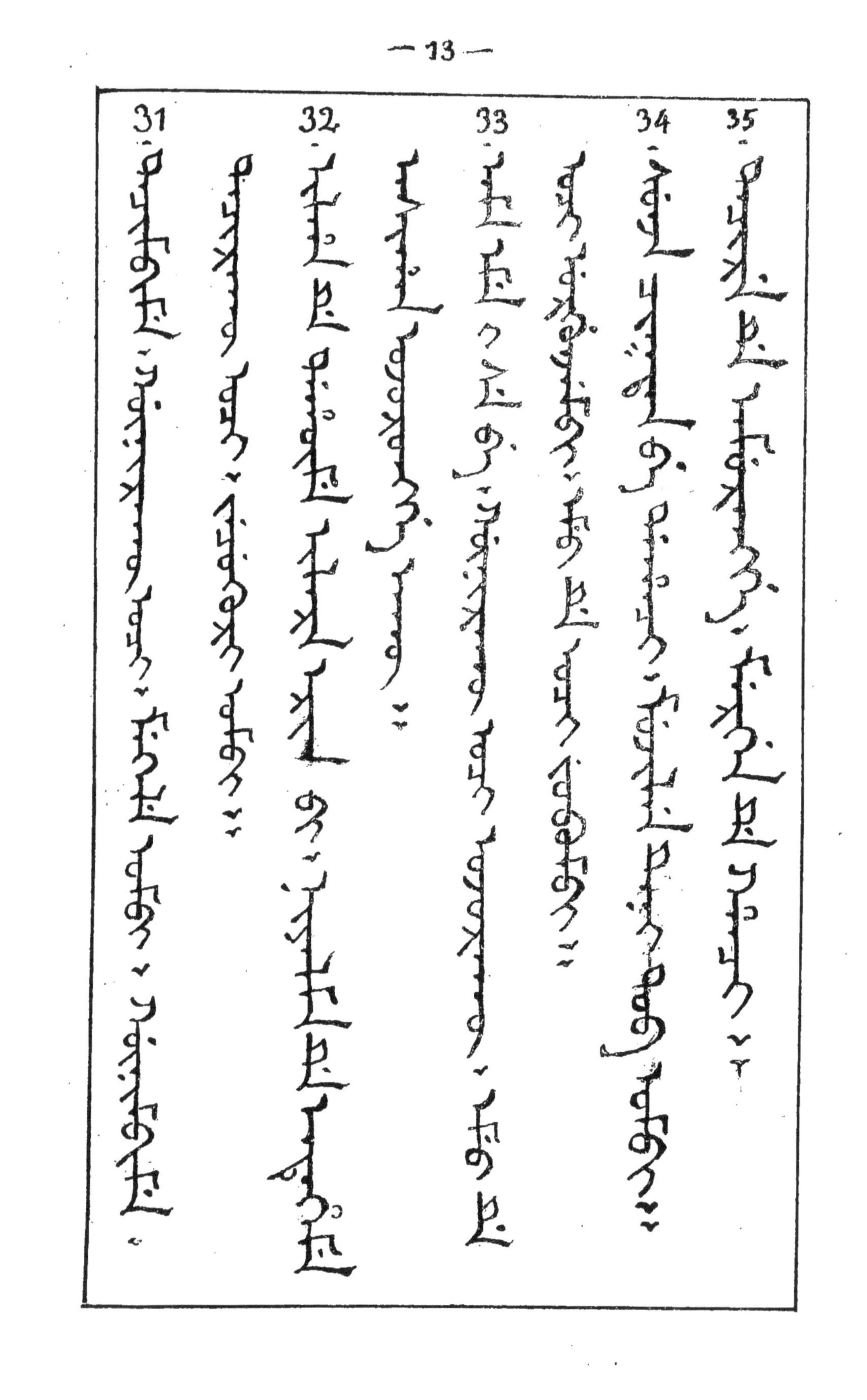

31 [illegible]

32 [illegible]

33 [illegible]

34 [illegible]

35 [illegible]

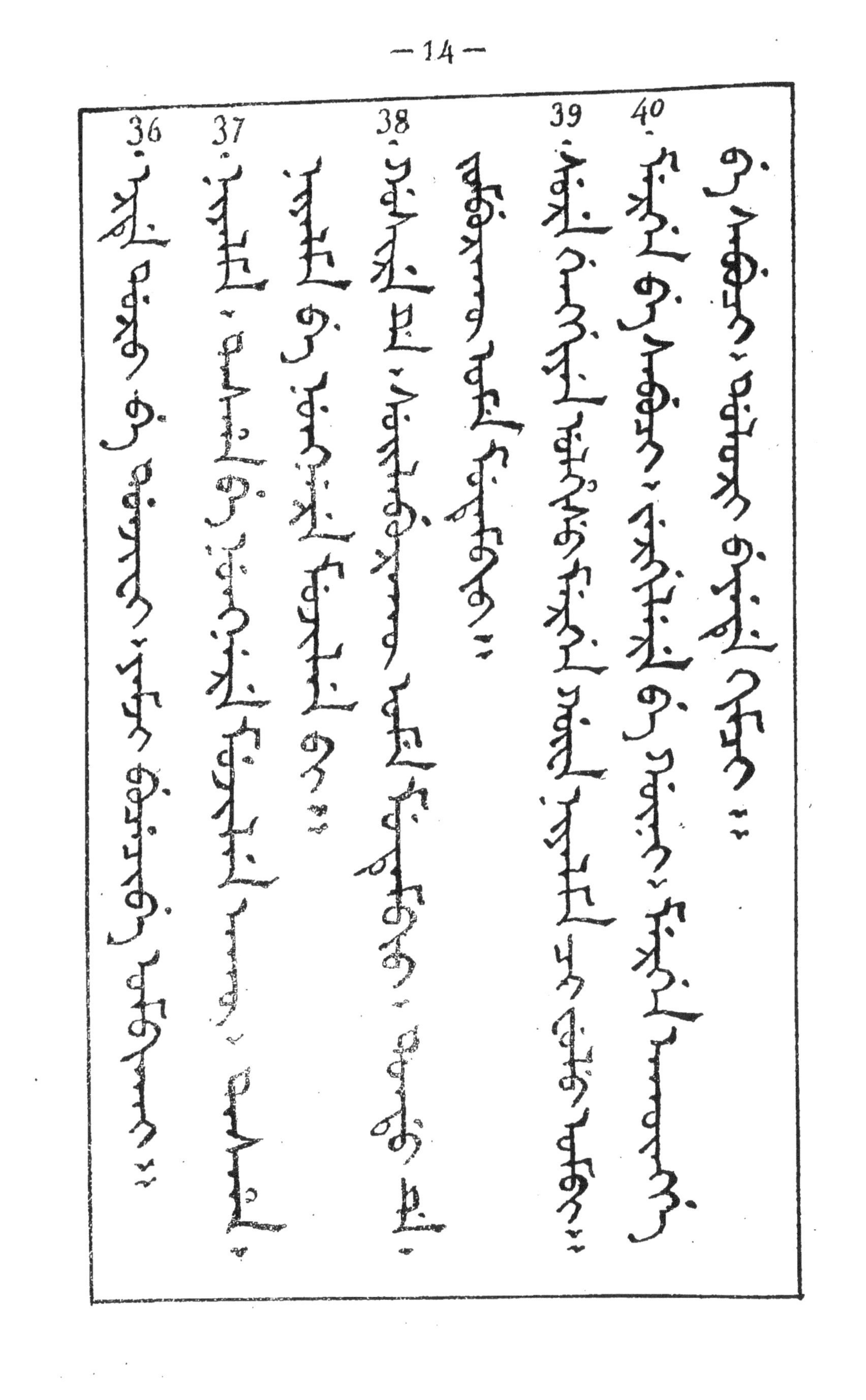

36 [illegible]

37 [illegible]

38 [illegible]

39 [illegible]

40 [illegible]

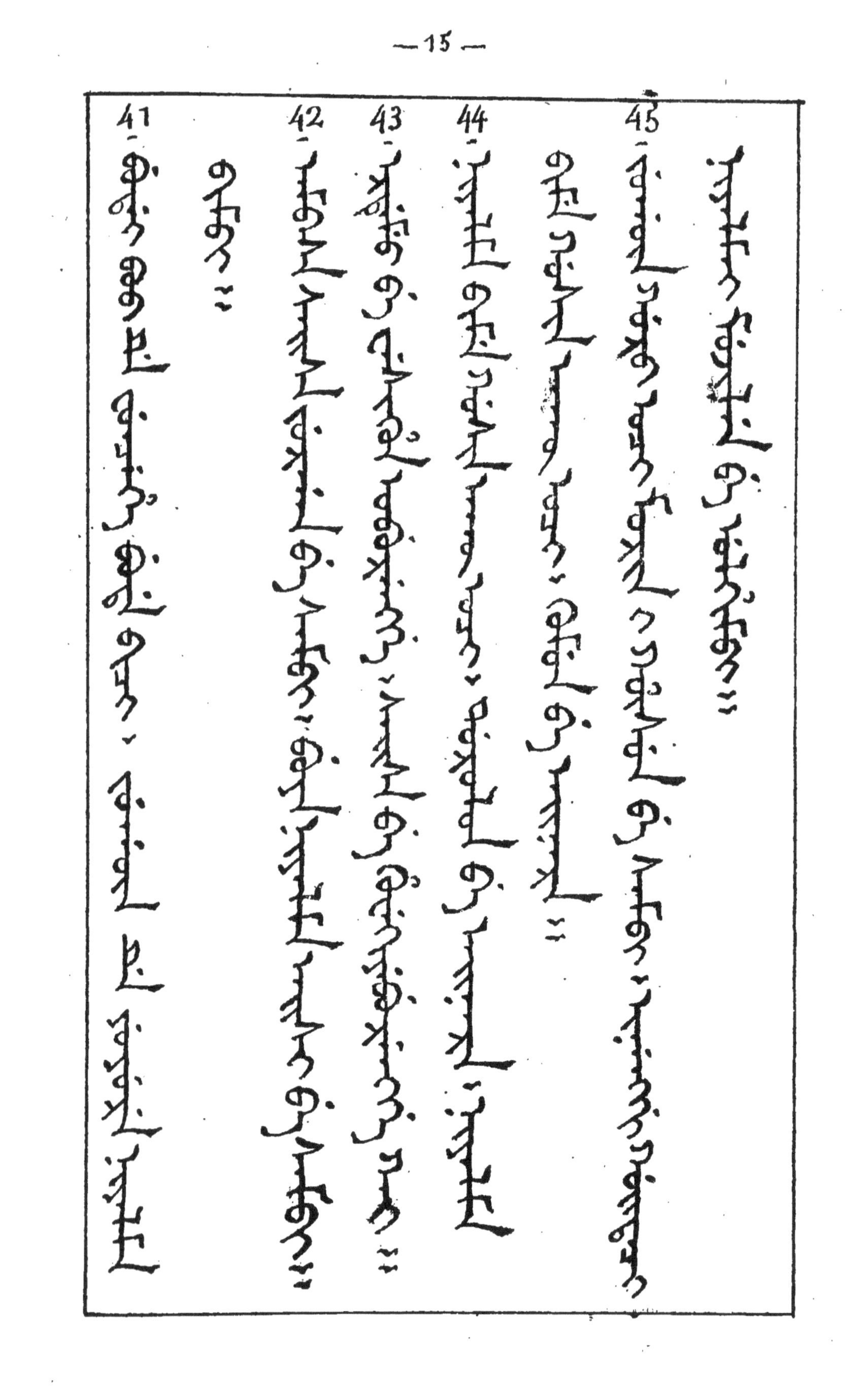

41

42

43

44

45

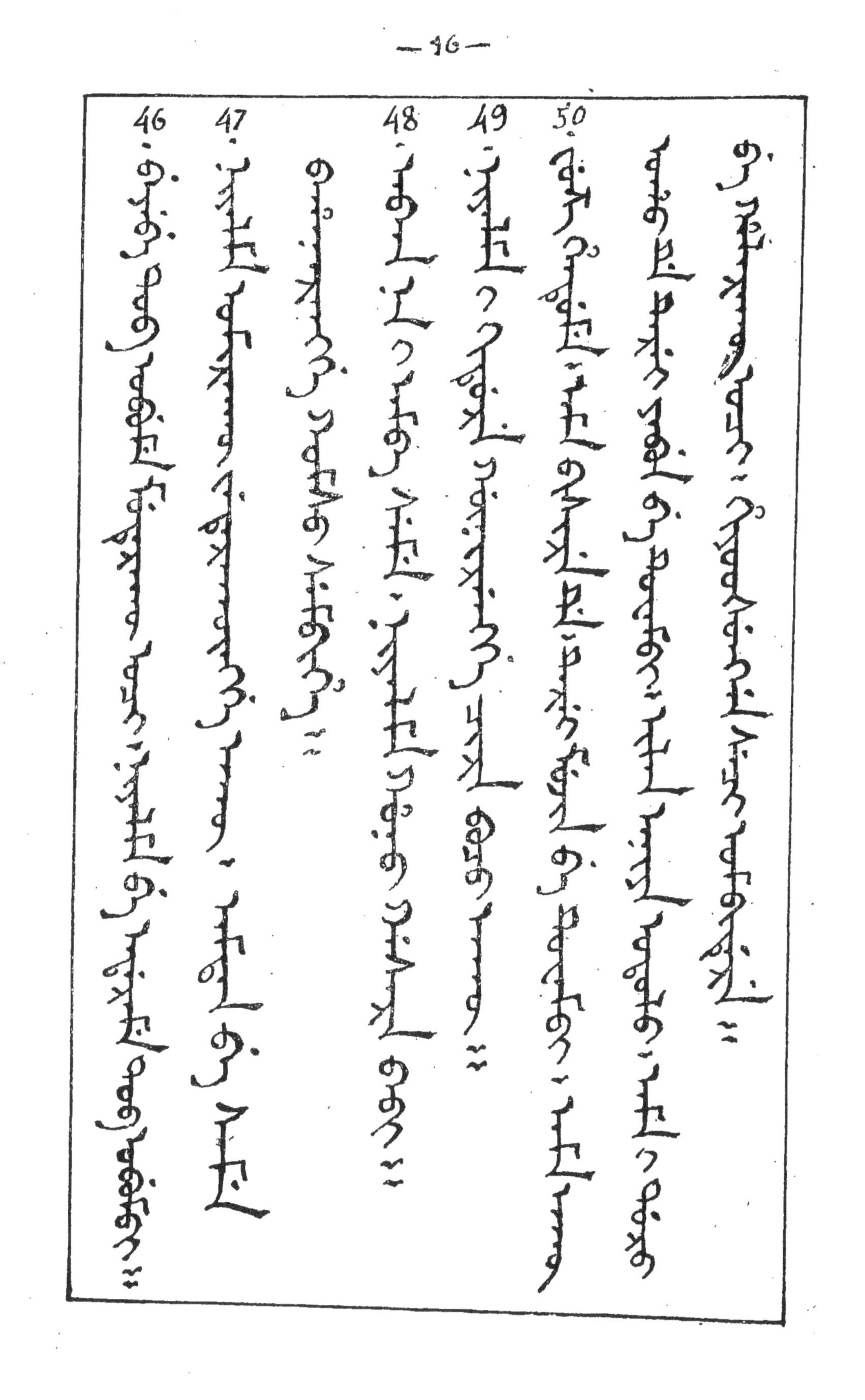

[illegible]

46 [illegible]

47 [illegible]

48 [illegible]

49 [illegible]

50 [illegible]

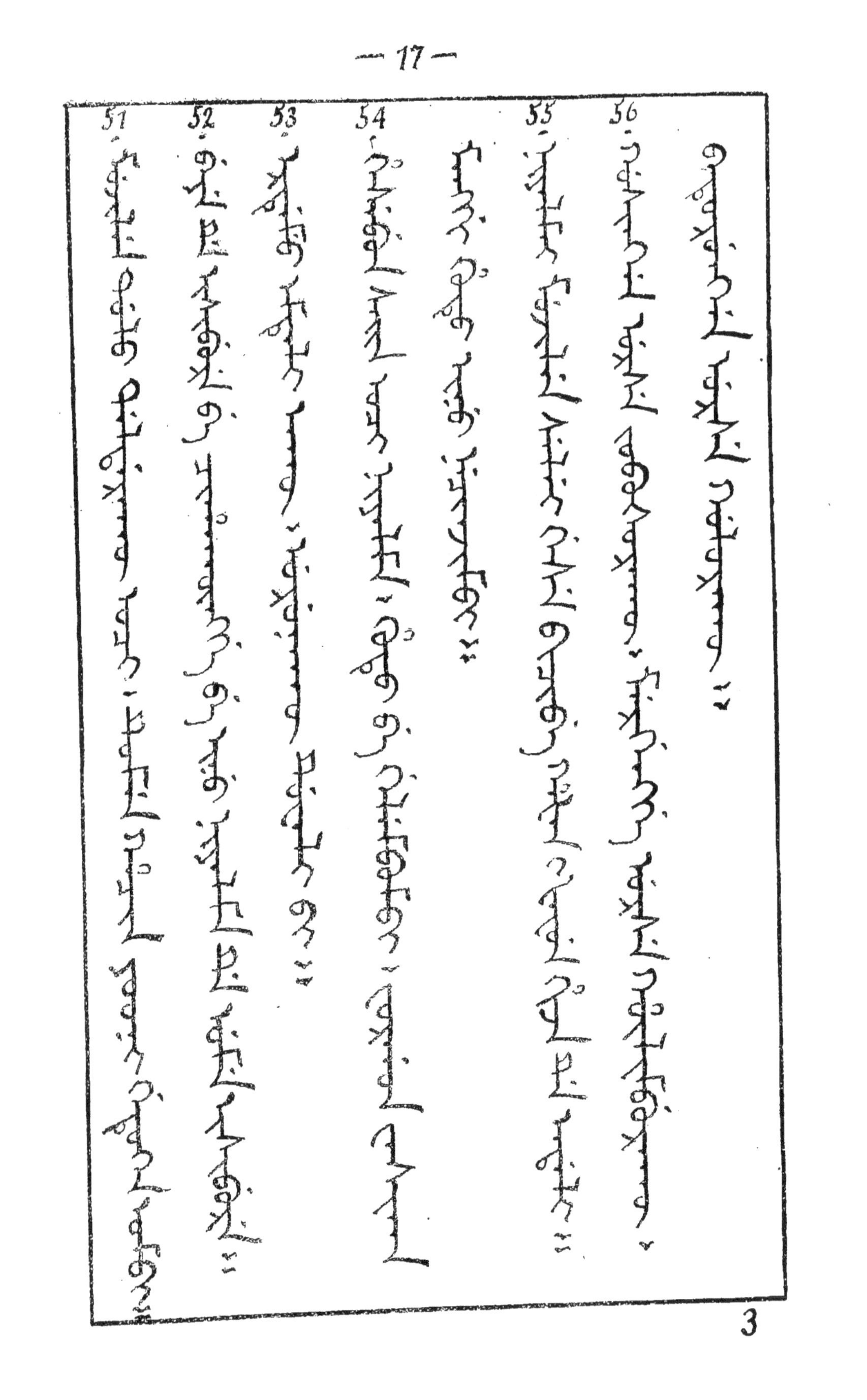

51 [illegible]

52 [illegible]

53 [illegible]

54 [illegible]

55 [illegible]

56 [illegible]

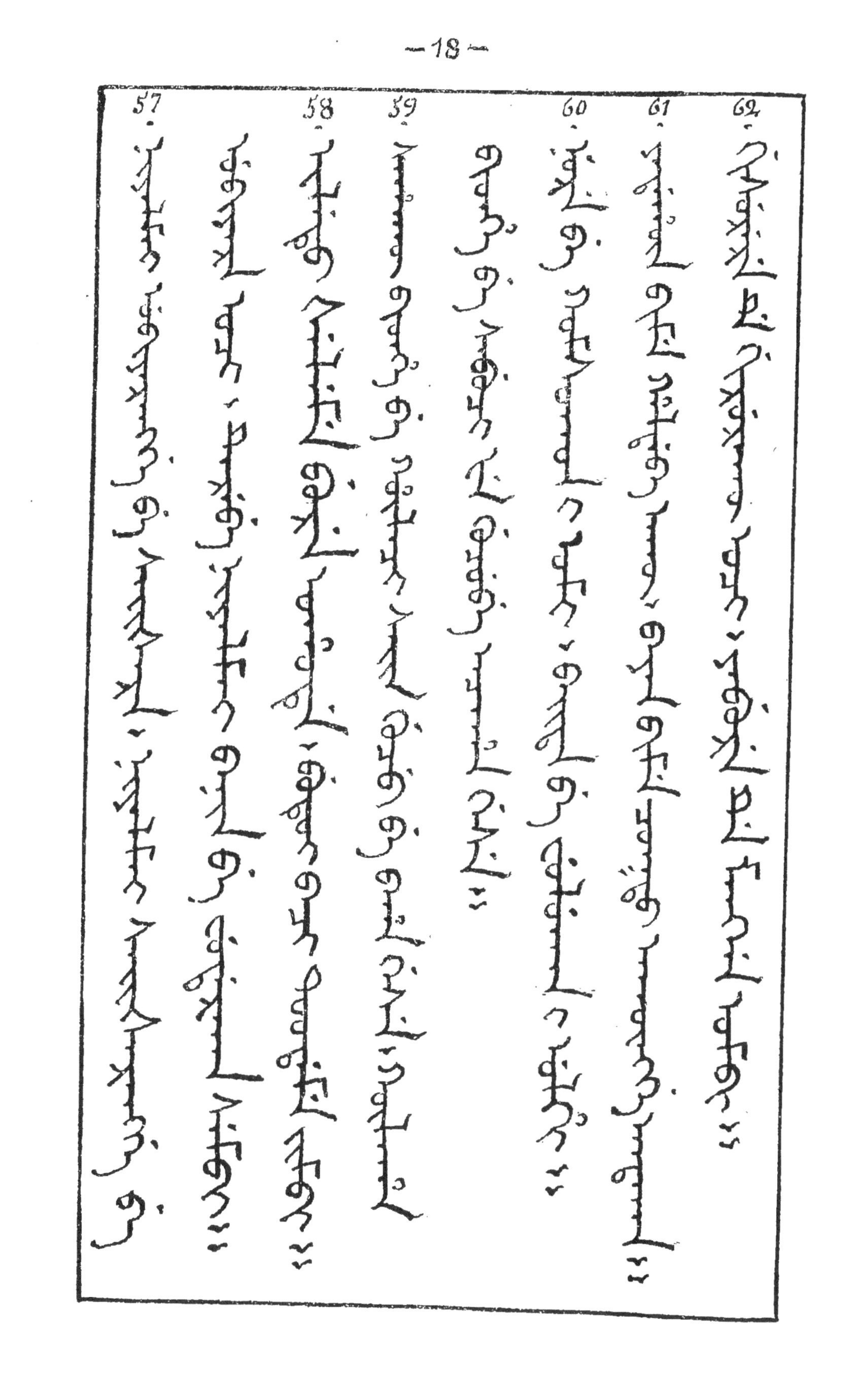

57. [illegible]

58. [illegible]

59. [illegible]

60. [illegible]

61. [illegible]

62. [illegible]

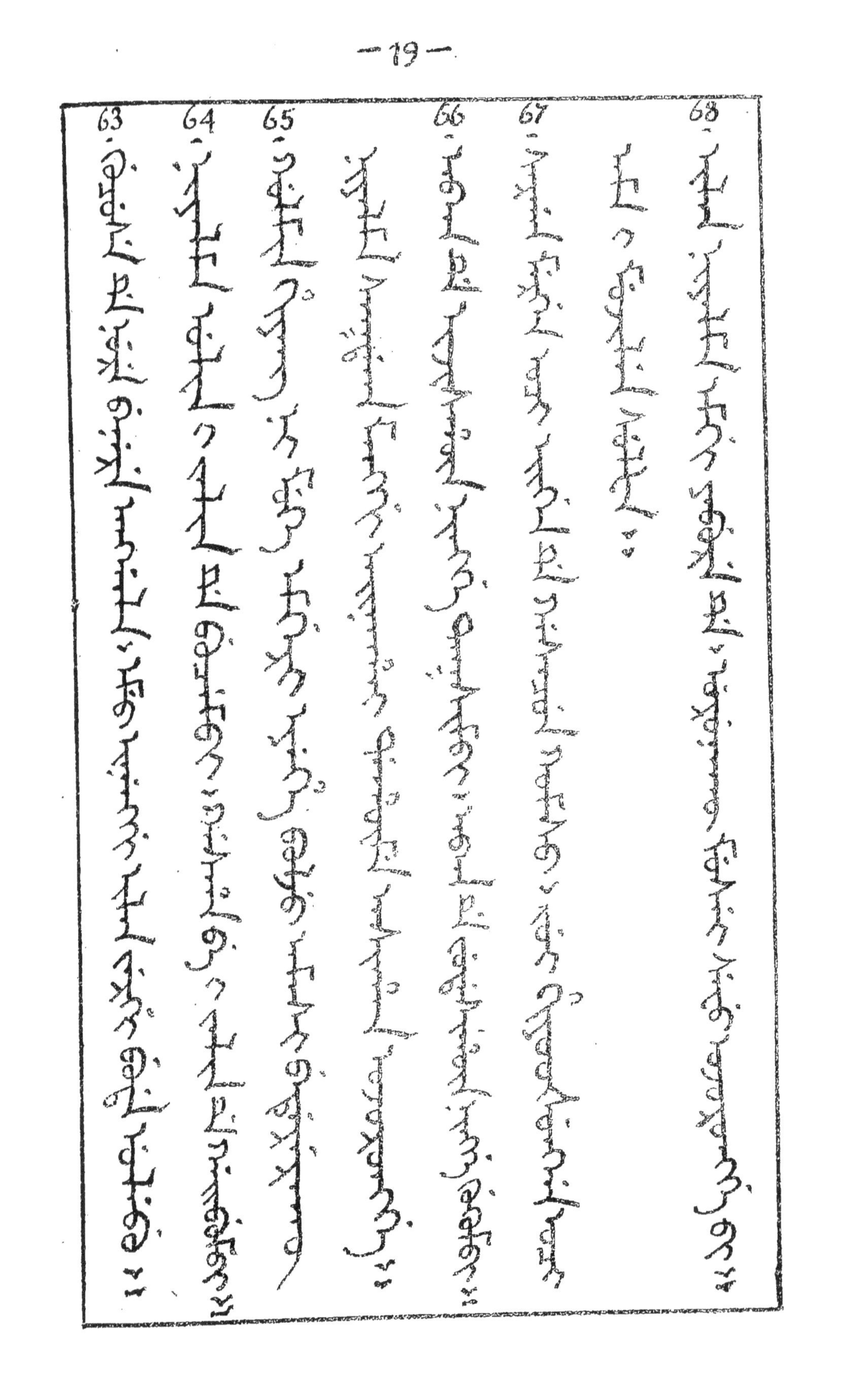

63. [illegible]

64. [illegible]

65. [illegible]

66. [illegible]

67. [illegible]

68. [illegible]

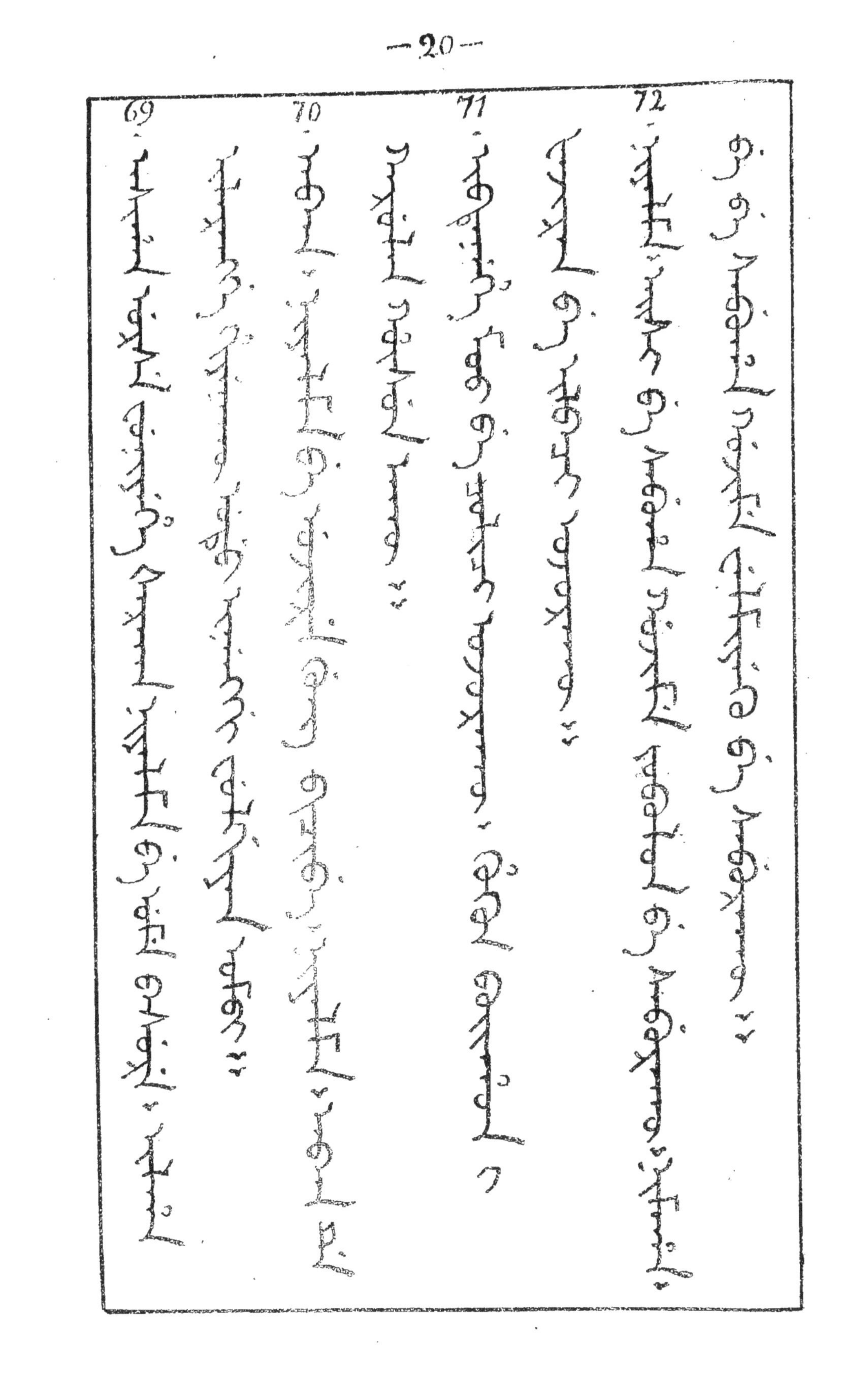

69 [illegible]

70 [illegible]

71 [illegible]

72 [illegible]

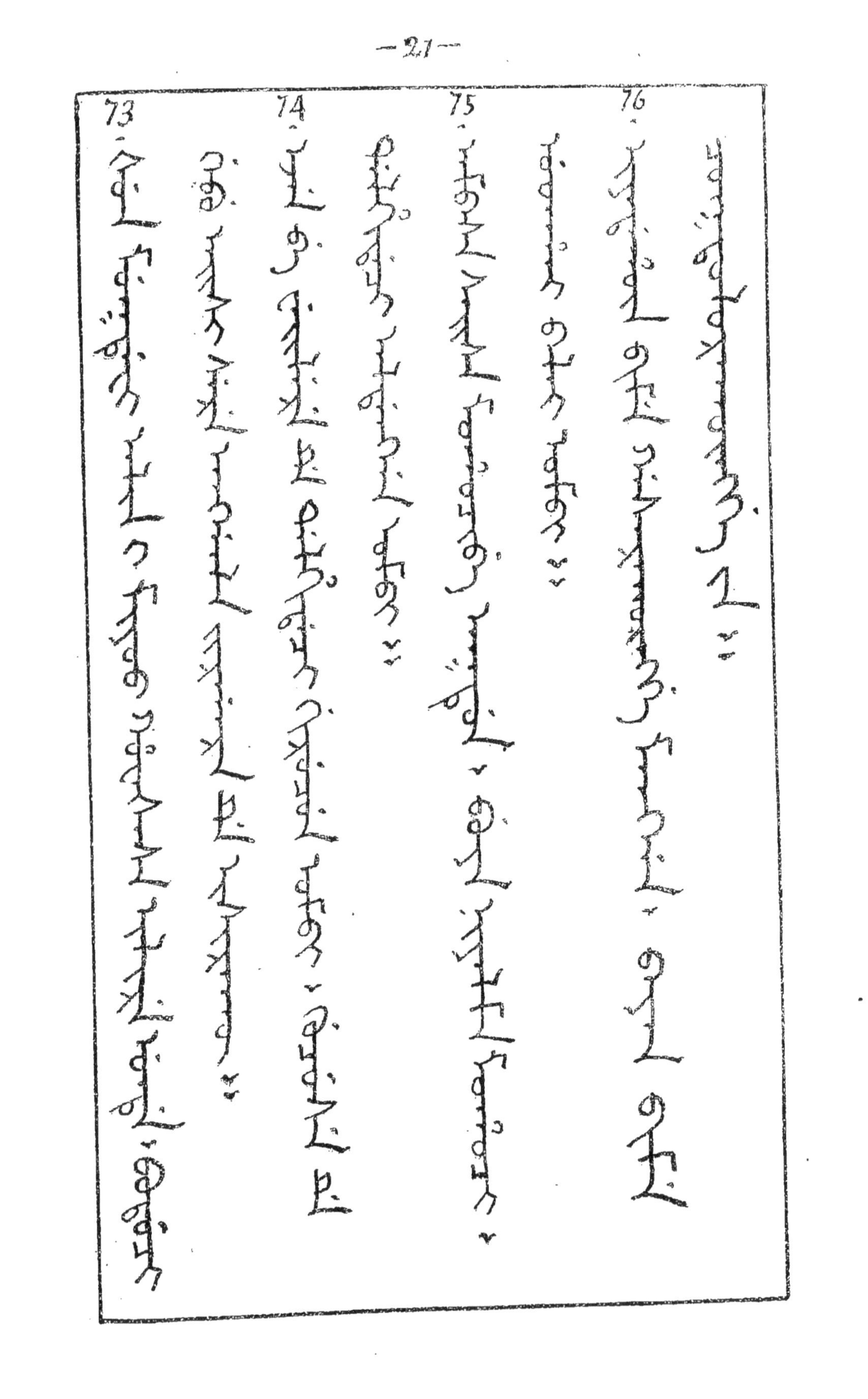

73 [illegible]

74 [illegible]

75 [illegible]

76 [illegible]

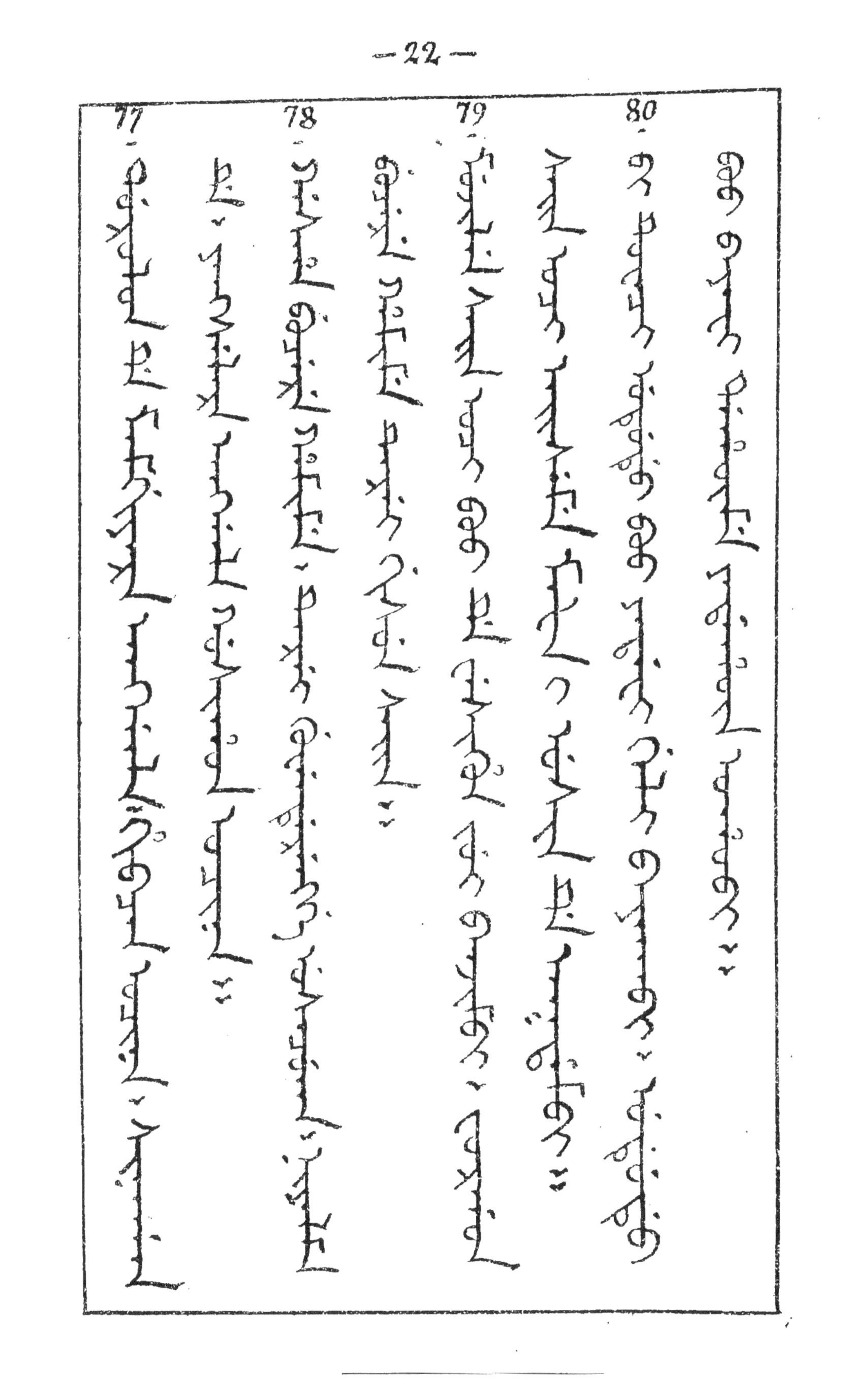

77 [illegible]

78 [illegible]

79 [illegible]

80 [illegible]

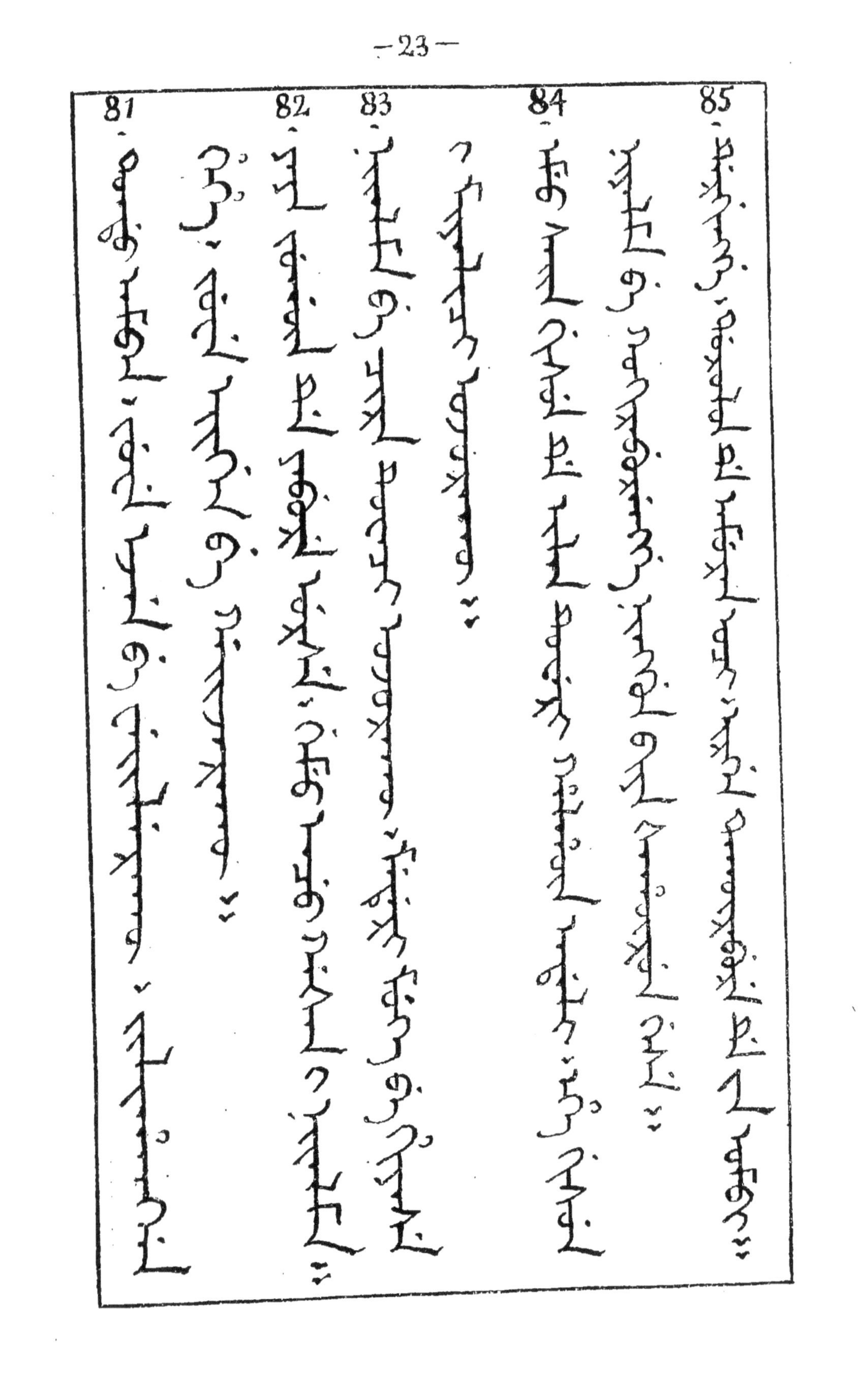

81 [illegible]

82 [illegible]

83 [illegible]

84 [illegible]

85 [illegible]

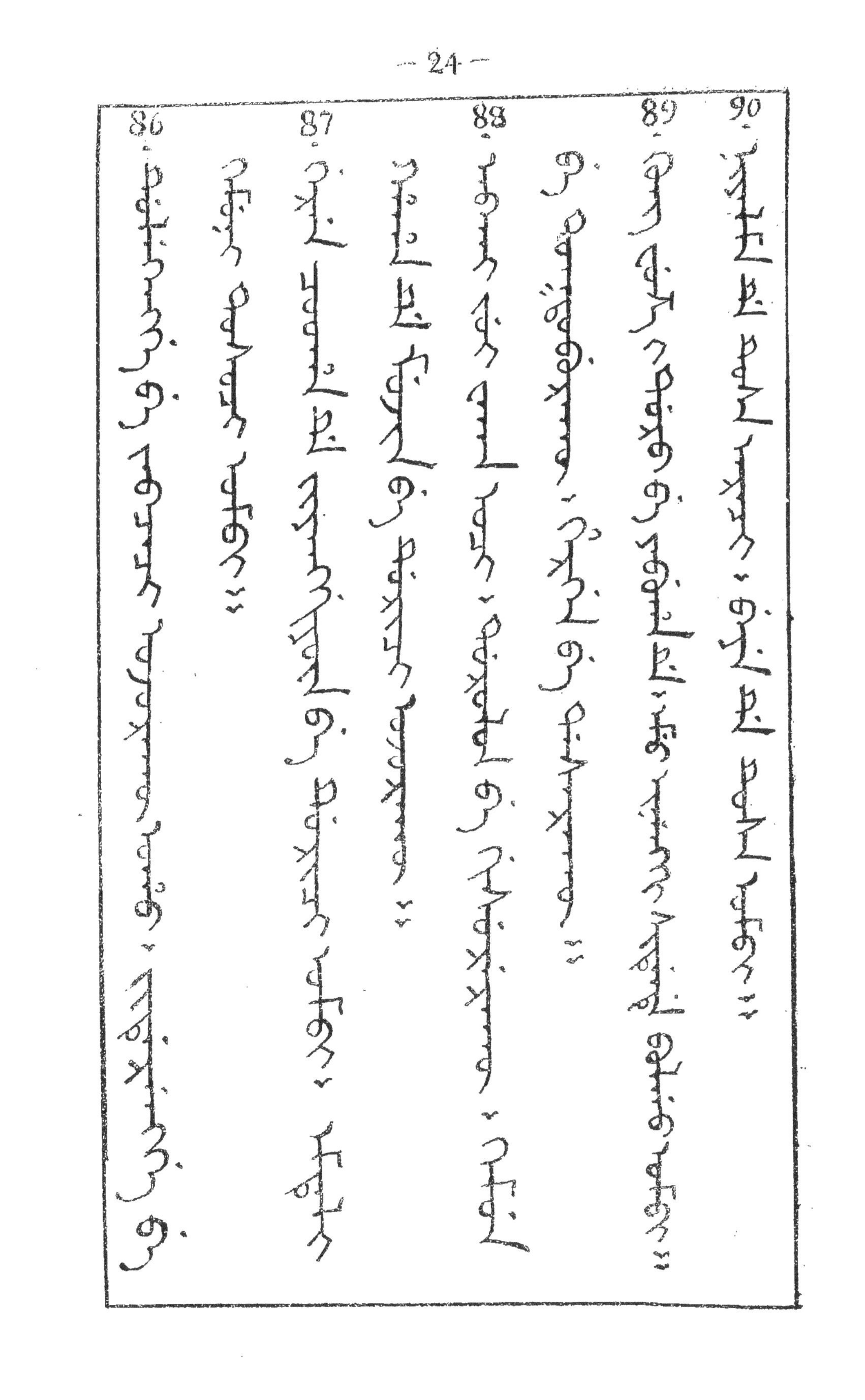

86 [illegible] ::

87 [illegible] ::

88 [illegible] ::

89 [illegible] ::

90 [illegible] ::

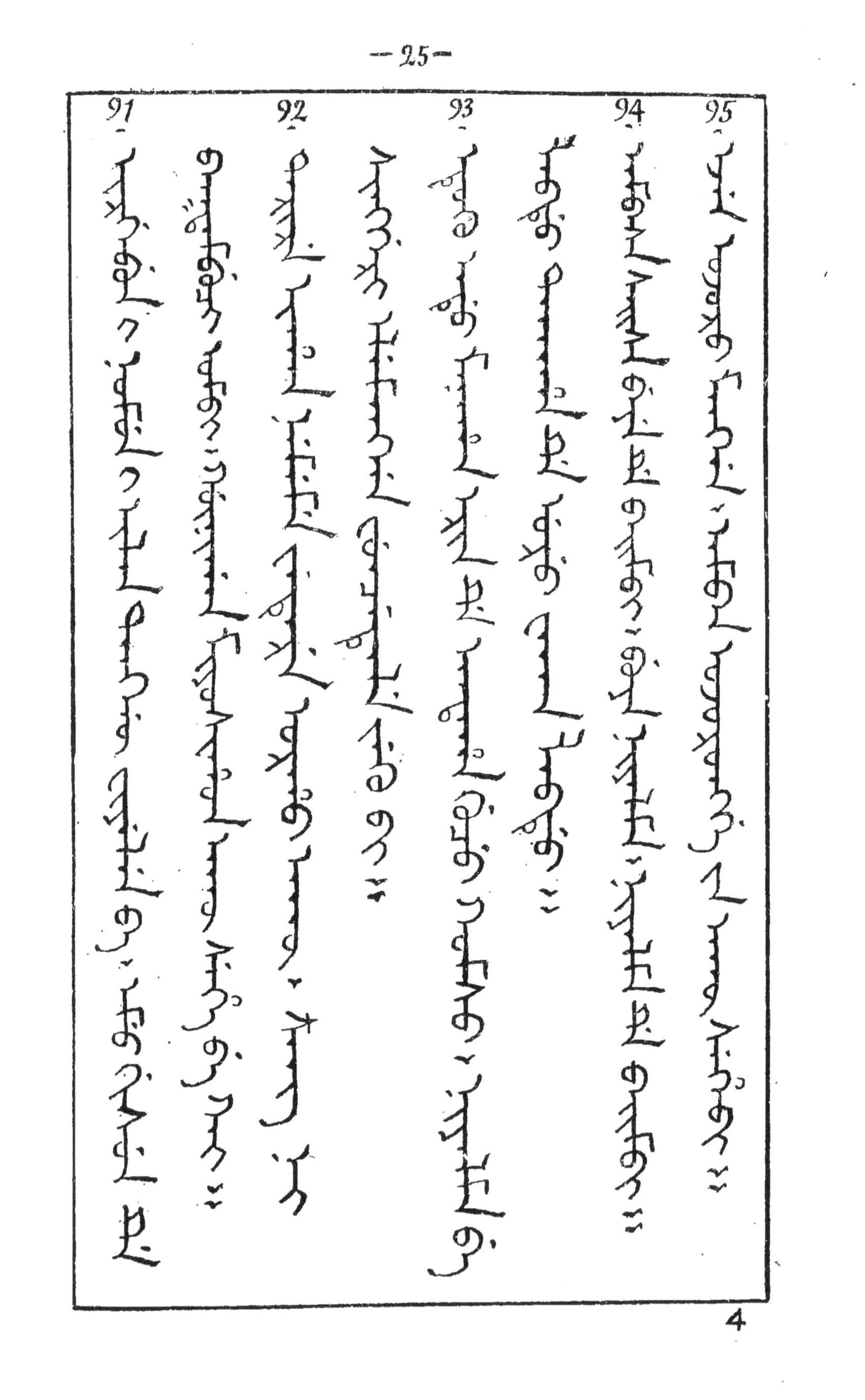

91 [illegible]

92 [illegible]

93 [illegible]

94 [illegible]

95 [illegible]

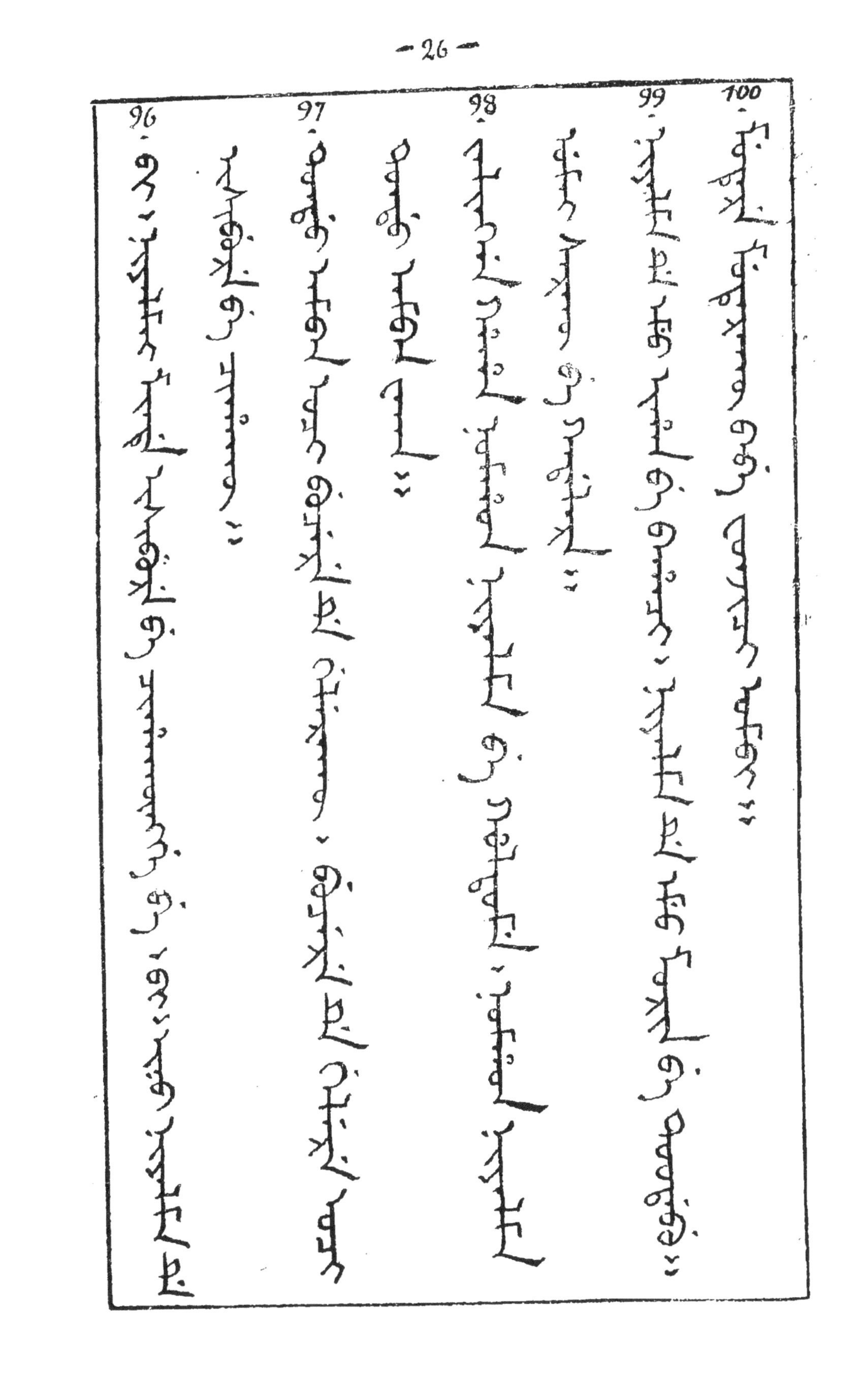

96 [illegible]

97 [illegible]

98 [illegible]

99 [illegible]

100 [illegible]

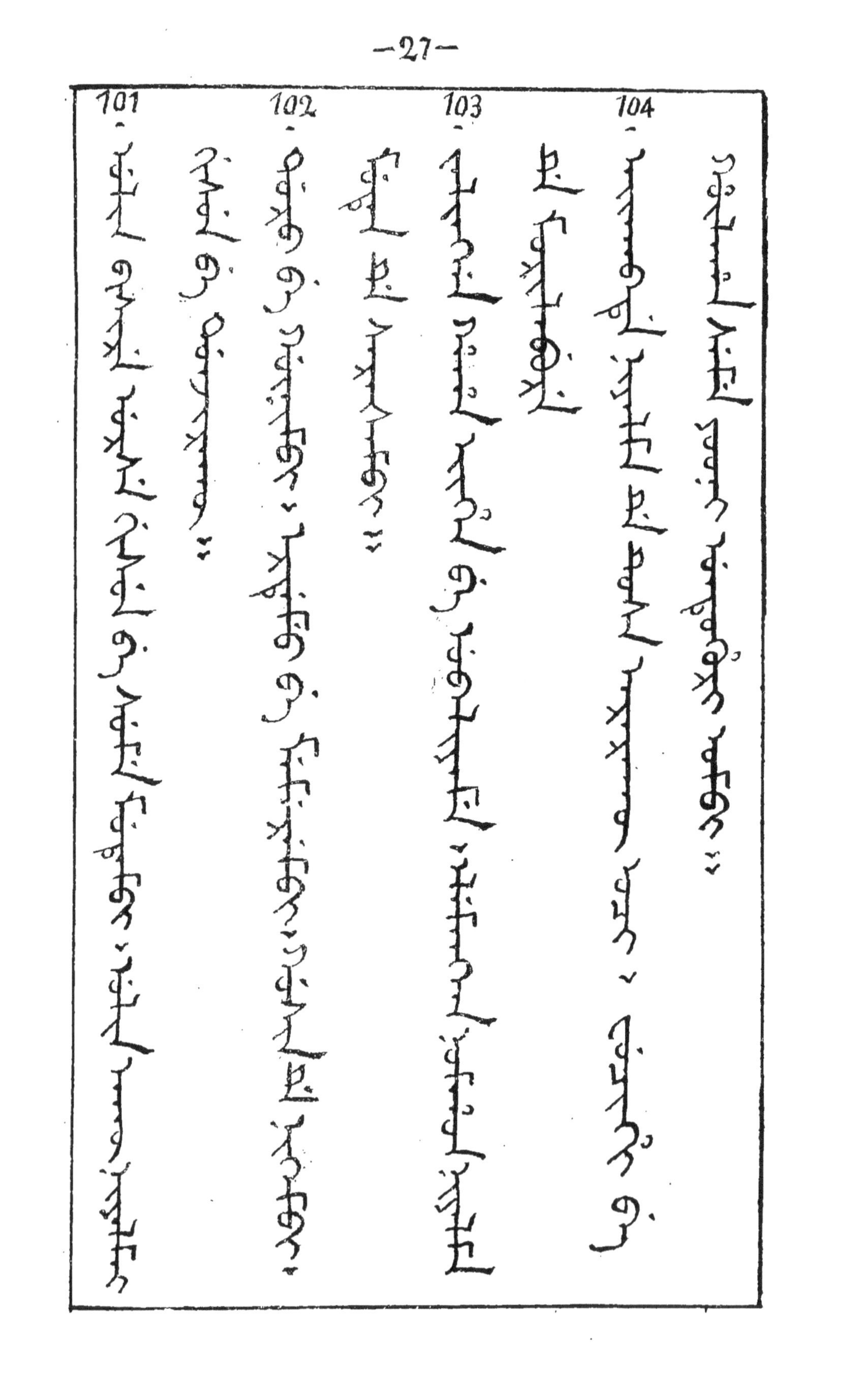

101 [illegible]

102 [illegible]

103 [illegible]

104 [illegible]

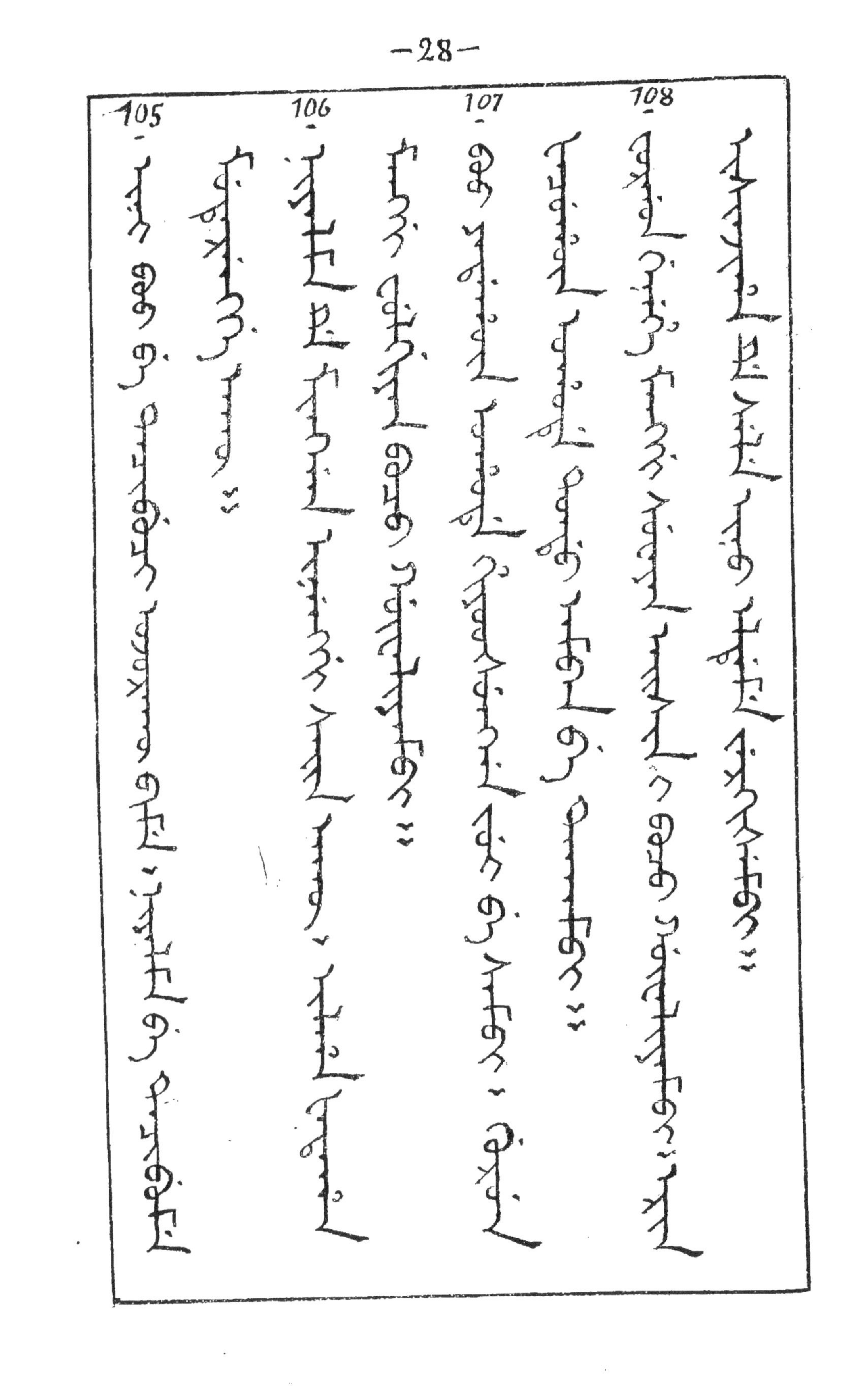

105 [illegible]

106 [illegible]

107 [illegible]

108 [illegible]

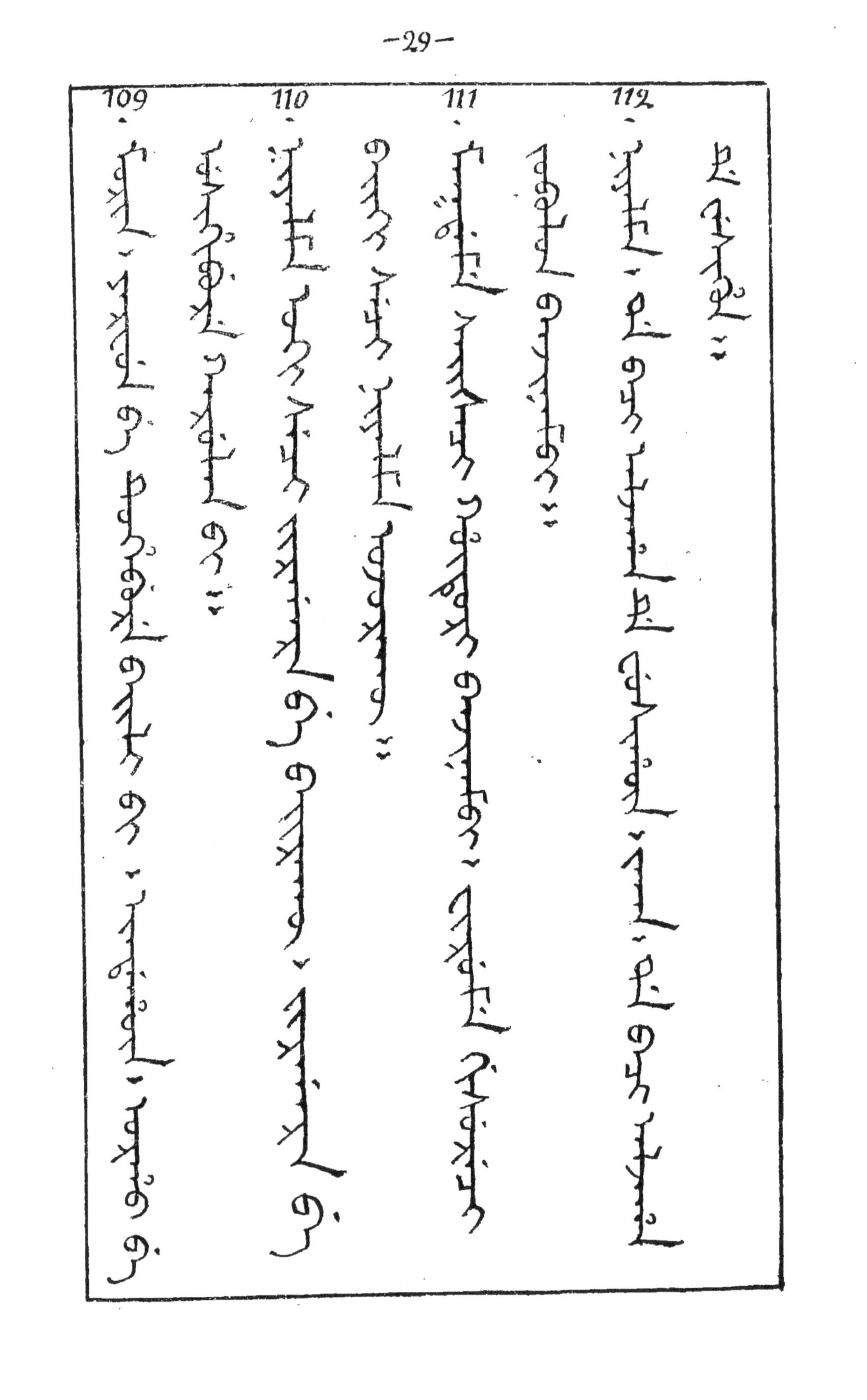

109 [illegible]

110 [illegible]

111 [illegible]

112 [illegible]

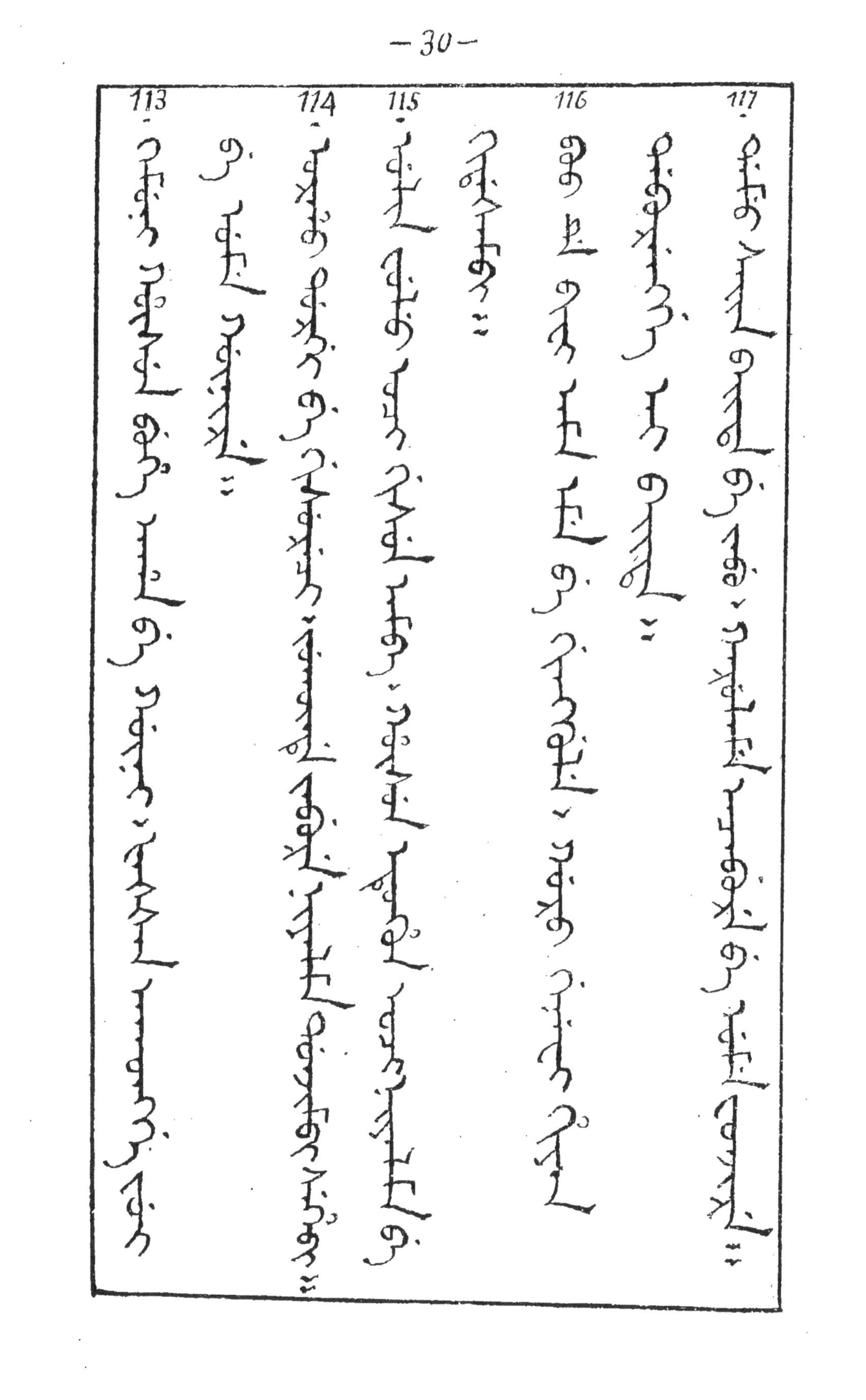

113 [illegible]

114 [illegible]

115 [illegible]

116 [illegible]

117 [illegible]

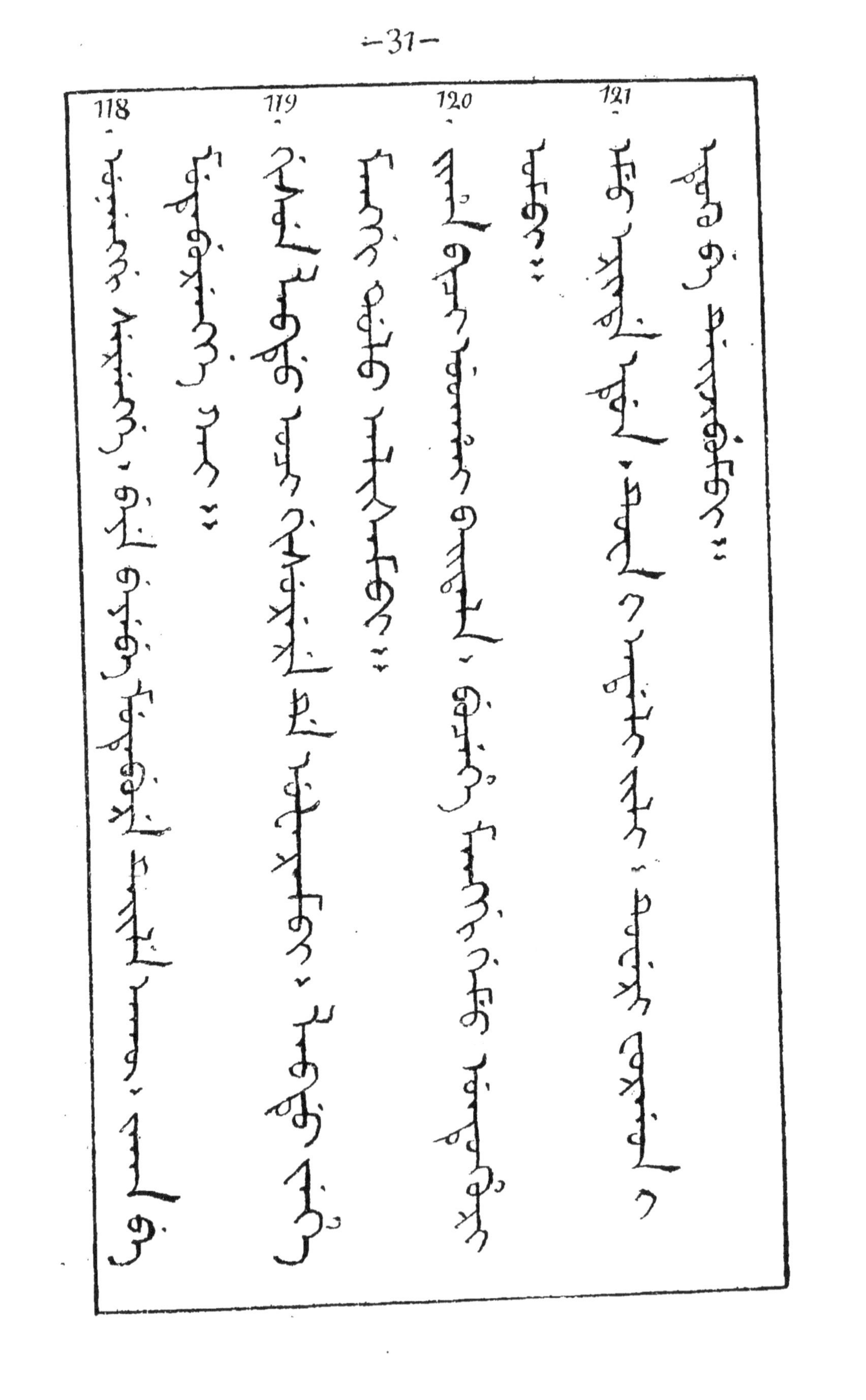

118

119

120

121

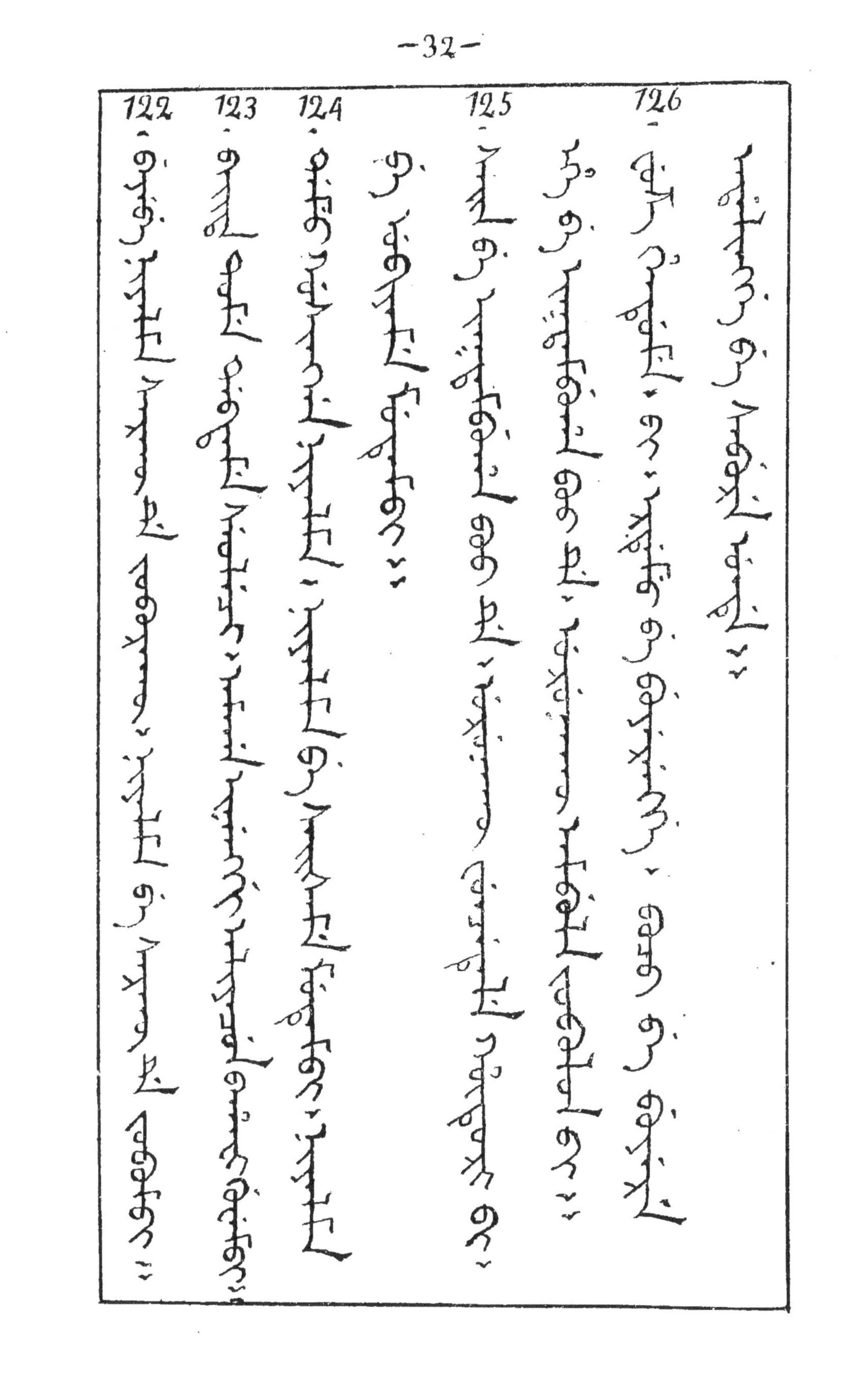

122 [illegible]

123 [illegible]

124 [illegible]

125 [illegible]

126 [illegible]

[illegible]

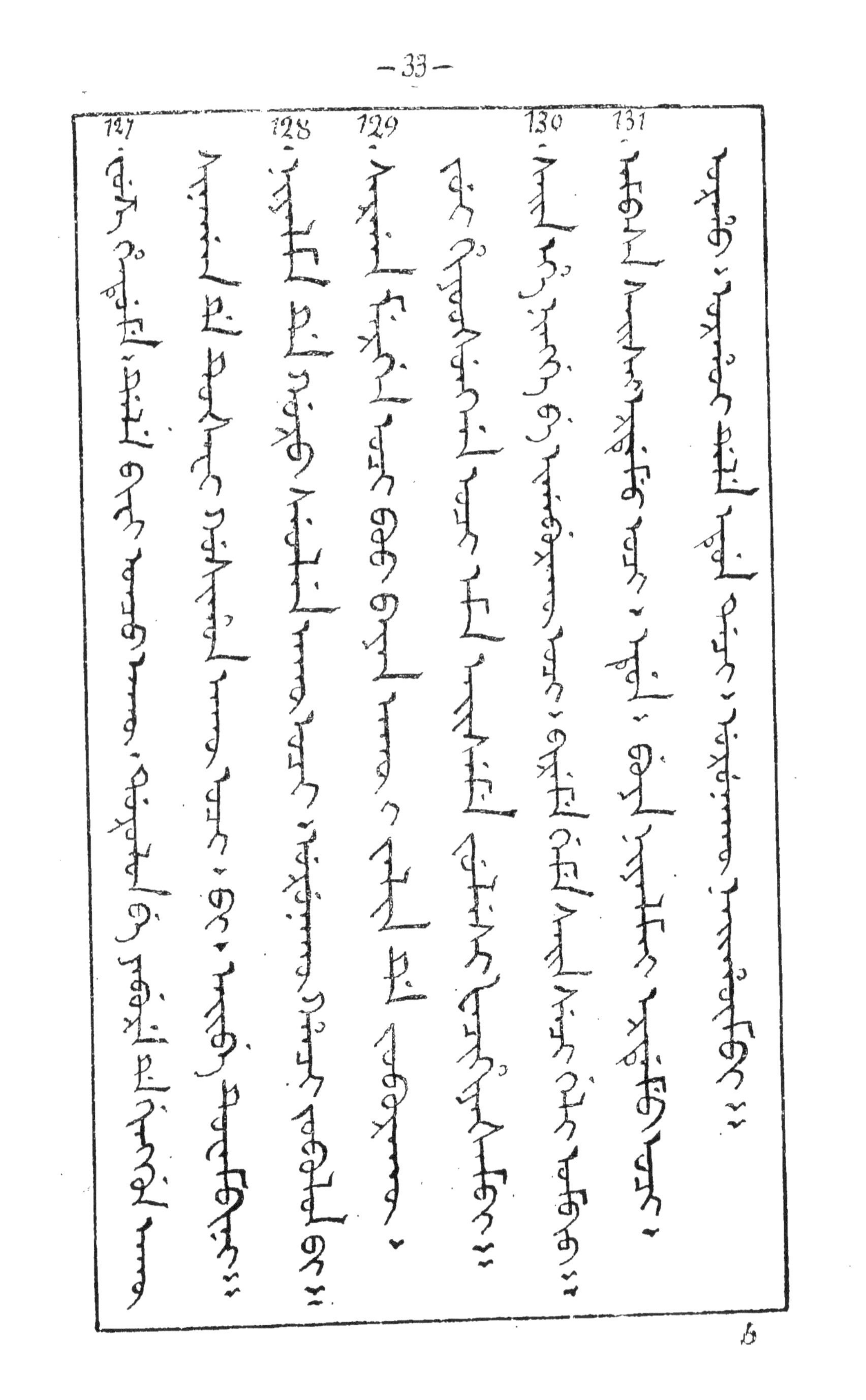

127 [illegible]

[illegible]

128 [illegible]

129 [illegible]

[illegible]

130 [illegible]

131 [illegible]

[illegible]

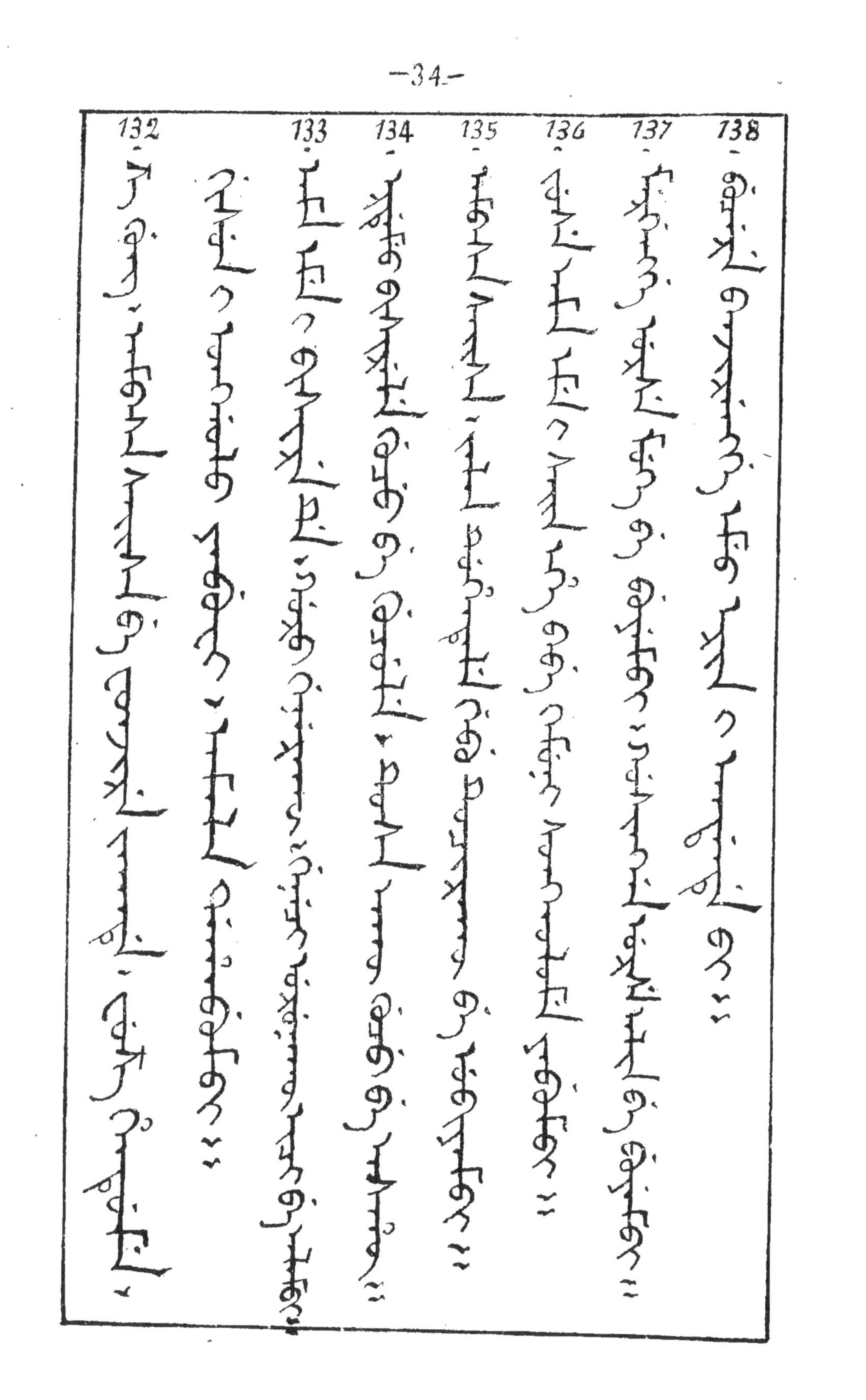

138 [illegible]

137 [illegible]

136 [illegible]

135 [illegible]

134 [illegible]

133 [illegible]

[illegible]

132 [illegible]

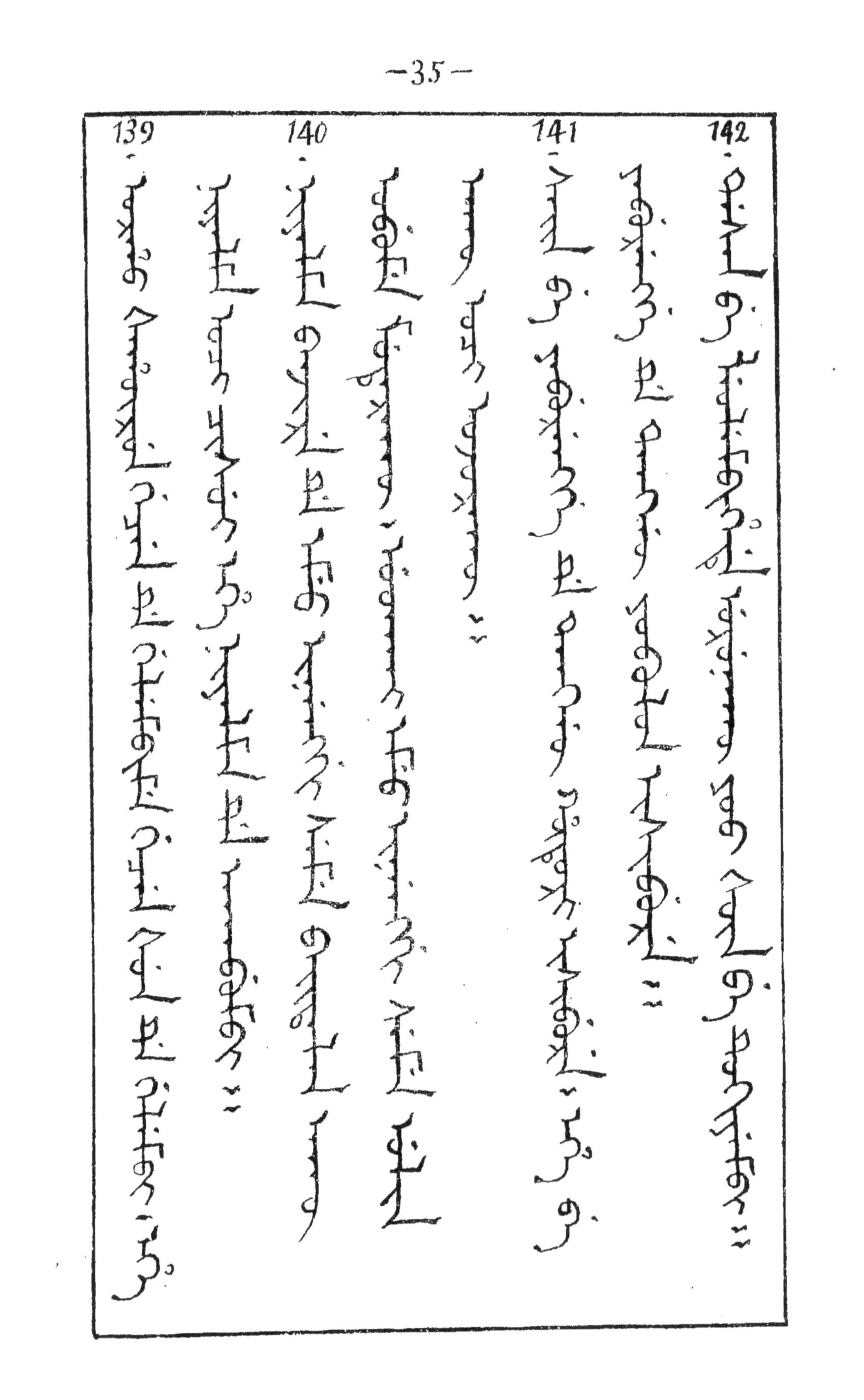

142 [illegible]

141 [illegible]

140 [illegible]

139 [illegible]

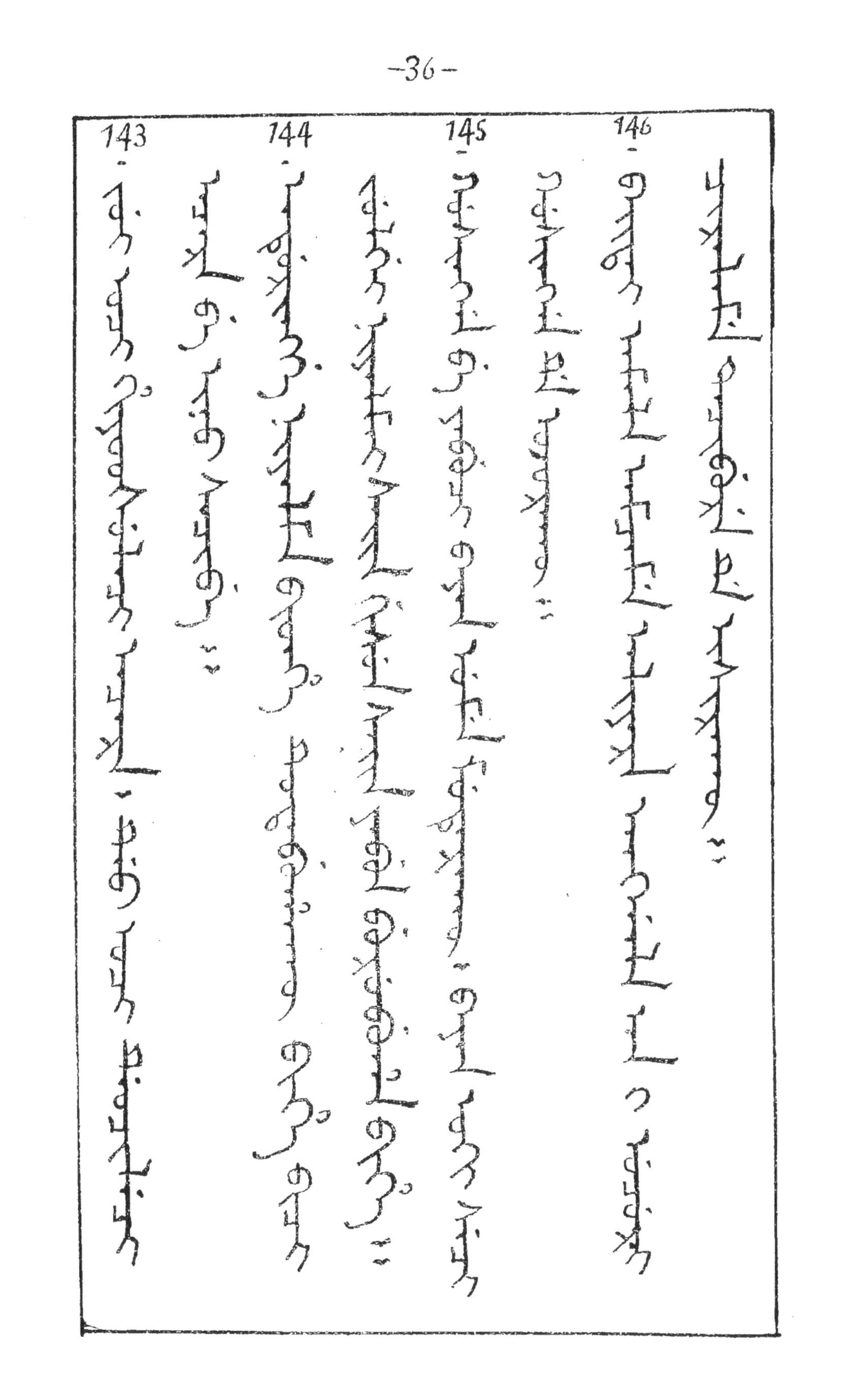

143 [illegible]

144 [illegible]

145 [illegible]

146 [illegible]

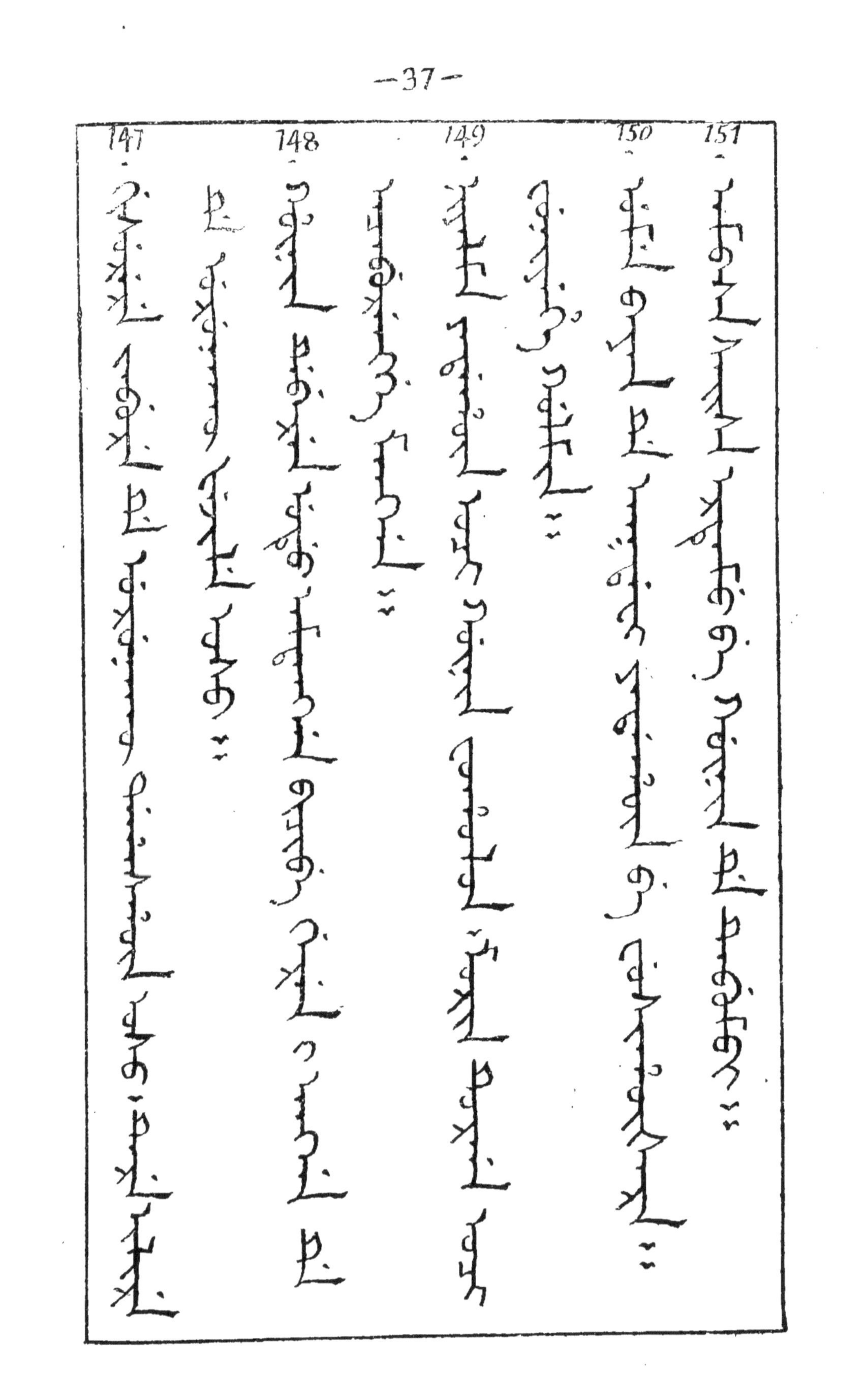

147 [illegible]

148 [illegible]

149 [illegible]

150 [illegible]

151 [illegible]

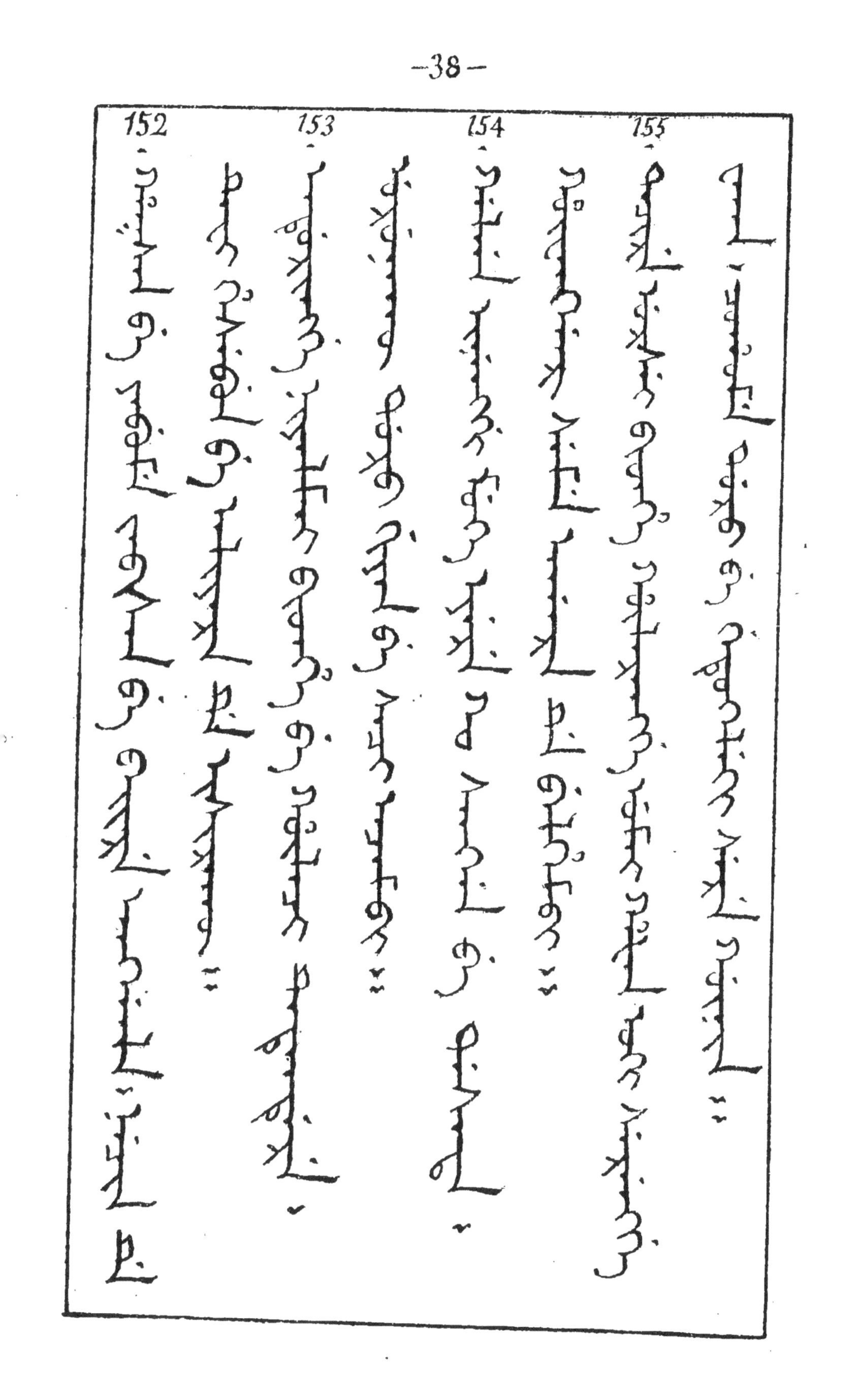

152

153

154

155

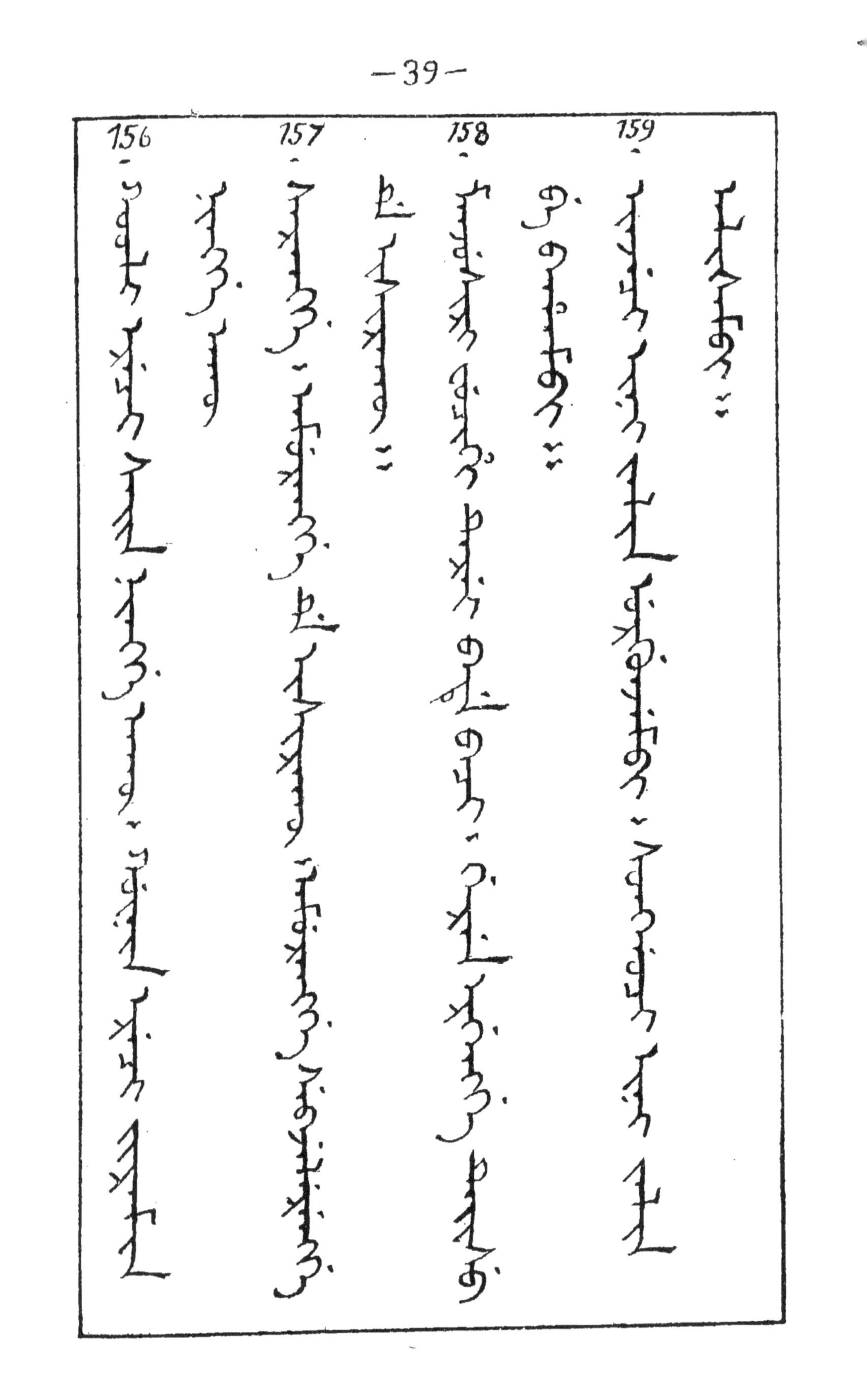

156 [illegible]

157 [illegible]

158 [illegible]

159 [illegible]

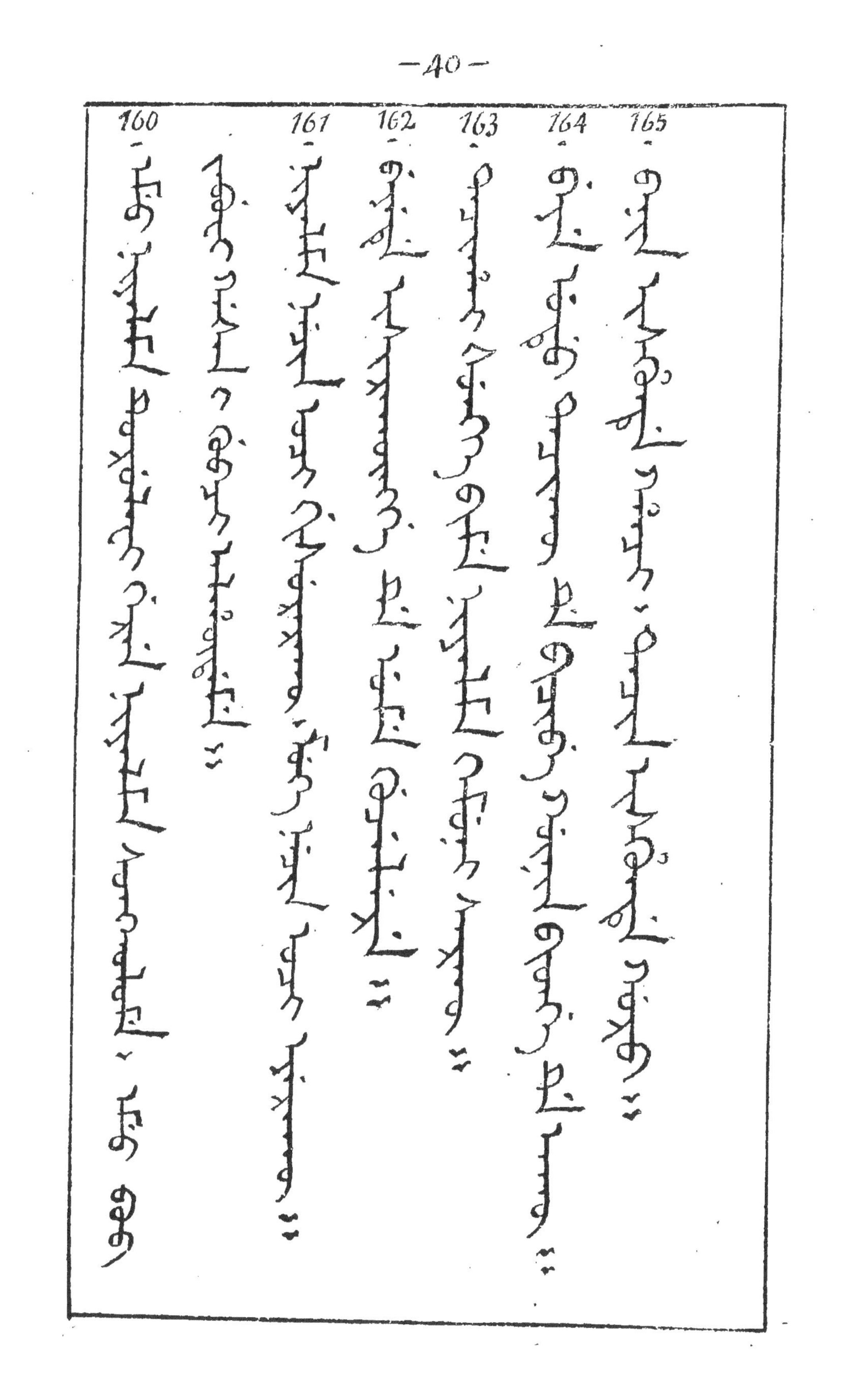

160 [illegible]

161 [illegible]

162 [illegible]

163 [illegible]

164 [illegible]

165 [illegible]

TRADUCTION FRANÇAISE

ET

PRONONCIATION FIGURÉE

DU

TEXTE MANTCHOU

1

Mandjou gisoun nikan gisoun tchi dja.

La langue mantchoue est plus facile que la langue chinoise.

2

Mandjou bitkhe be ourounakô ourebou, akôtchi nikan bitkhe be khafoukiyame getoukeleme moutembio.

Accoutume-toi entièrement aux livres mantchoux, sans cela, pourras-tu entendre parfaitement les livres chinois.

3

Mandjou gisoun i oudoudou khergen be nikan niyalma khôlame mouterakô.

Les Chinois ne peuvent pas prononcer plusieurs mots de la langue mantchoue.

4

Tatchire de amourangge, mergen de khantchi, giroure be sarangge, batourou de khantchi.

Celui qui aime apprendre approche du sage, celui qui connaît la honte approche du brave.

5

Djoulgei tatchirangge, beyei djalin te i tatchirangge, niyalmai djalin.

Ceux qui s'instruisaient autrefois le faisaient pour eux-mêmes; ceux qui s'instruisent à présent le font pour les autres.

6

Oudou endouringge niyalma seme, inou mouterakô babi.

Quelque saint que soit un homme, il y a en vérité des choses qu'il ne peut faire.

7

Ambasa saisa elekhoun i ler ler sembi bouya niyalma entekheme khir khir sembi.

Le sage est tranquille et satisfait; l'homme vulgaire est toujours mécontent.

8

Taitze tatchikô de dosika manggi, geren irgen i emou adali.

Le fils de l'empereur, après qu'il est entré à l'école, est semblable à l'enfant de tout le monde.

9

Khôtouri djobolon de douka akô, damou niyalmai beye baimbi.

Le bonheur et le malheur n'ont pas de porte; seulement l'homme lui-même les cherche.

10

Wesikhoun bakhatchibe giroutchoun be gôni, beye elkhe otchi souilatchoun be gôni.

Si tu obtiens des honneurs, pense à la honte; si tu es bien portant, pense à la douleur.

11

Ambasa saisa absi otchibe, beye elekhoun akôngge akô

Le sage, en n'importe quel lieu, n'est pas sans être satisfait de lui-même.

12

Djaka de da doube bi, baita de toukhen deriboun bi.

Il y a un principe et une fin aux choses; il y a un commencement et une conclusion aux affaires.

13

Irgen i saicharangge be saichara, irgen i oubiyarangge be oubiyara otchi, erebe irgen i ama eme sembi.

(Le prince) qui aime ce que le peuple aime, qui déteste ce que le peuple déteste, peut se dire le père et la mère du peuple.

14

Niyalma de goro seolen akô otchi, ourounakô khantchi djobotchoun bi.

Si l'homme est sans souci pour les choses éloignées, assurément il trouvera un proche chagrin.

15

Ambasa saisa niyalma i niyalma be dasambi.

Le sage gouverne les hommes par les hommes.

16

Geren oubiyatchi, ourounakô kimtchi, geren saichatchi, ourounakô kimtchi.

Fais attention à celui que la foule réprouve, fais attention à celui que la foule approuve.

17

Dorolon i nomoun de khendoukhengge, dergi edjen be weilere de niyalma be weilere adali sekhebi.

Il est dit dans le livre des rites : Celui qui sert le maître suprême est semblable à celui qui sert les hommes.

18

Tatchibourakô irgen be afara de baitalatchi, erebe waliyarangge sembi.

Si, pour combattre, on emploie des gens qui ne sont pas instruits, c'est, on peut dire, les livrer à la mort.

19

Beye, beyebe nicha, niyalma be weikhouken i wakachara otchi, gasatchoun goro ombi.

Si vous blâmez légèrement les autres, et sévèrement vous-même, vous pourrez éviter les murmures.

20

Khafan oudjoui djergi de isinaichibe toumen fafoun songko be dakhambi.

Quoique le magistrat soit arrivé au premier rang, il doit se soumettre à toutes les lois.

21

Khoronggo taskha djougôn i deulimba de dedourakô, khoriboukha moudouri inou abka wesire erin bi.

Le tigre en fureur ne dort pas au milieu de la route ; le dragon enfermé trouve le moment de monter au ciel.

22

Si aika sain be yaboutchi, tanggô khôtouri isiboumbi.

Si tu fais le bien, tu obtiendras cent bonheurs.

23

Niyalma de tafoulara ilan khatchin i amba doro bi, noure be targa, botcho be aldangga, djikha be oume efire.

La principale règle est d'exhorter les hommes sur trois articles : Abstiens-toi du vin, fuis la volupté et ne joue pas d'argent.

24

Ilan aniya otolo tatchifi, fouloun be gônirakôngge be, dja de bakharakô kai.

Celui qui étudie pendant trois ans, sans penser aux appointements, ne se trouve pas sans difficulté.

25

Fe be oureboumbime itche be sarangge sefou otchi ombidere.

Celui qui sait les choses nouvelles, lorsqu'il a appris les choses anciennes, peut alors devenir un maître.

26

Niyalma bandjirengge tanggô sede djaloundarakô, kemouni minggan aniyai djobolon be khefeliyembi.

L'homme qui naît n'accomplit pas l'âge de cent ans, mais il emporte des malheurs pour mille années.

27

Emou morin djouwe anggemou be tokhorakô, tondo amban djouwe edjen be weilerakô.

On ne peut placer deux selles sur un cheval ; un ministre fidèle ne peut pas servir deux maîtres.

28

Mouwa bouda djeme, mouke omime, gala boukdame tchiroutchibe sebjen inou terei dolo bi.

Manger du riz grossier, boire de l'eau, n'avoir que son bras pour appuyer sa tête, au milieu de cela, il y a encore de la joie.

29

Sain be iktamboutchi sain i karoulan bi, ekhe be iktamboutchi ekhe i karoulan bi.

Si tu cultives le bien, la récompense sera le bien ; si tu cultives le mal, la récompense sera le mal.

30

Oulkhire i khôdoun ningge be, mergen sembi, sara i farkhôn ningge be, mentoukhoun sembi.

Celui qui est apte à comprendre, est dit un sage ; celui qui est rebelle à savoir, est dit un imbécile.

31

Tatchimbime, gônirakô otchi, mekele ombi, gônimbime, tatchirakô otchi, djetchoukouri ombi.

Lorsqu'on étudie, si l'on ne réfléchit pas, cela devient inutile ; lorsqu'on réfléchit, si l'on n'étudie pas, cela devient un danger.

32

Ilkha de dakhôme ilara erin bi niyalma de entekheme asikhan odjorongge akô

Il est une saison où la fleur de nouveau refleurira, mais l'homme ne pourra jamais redevenir jeune.

33

Ama eme i se be, gônirakô otchi odjorakô, emou de otchi ourgoundjembi, emou de otchi djobombi.

On doit toujours penser à l'âge de ses parents, car, si d'un côté cela réjouit, de l'autre cela fait craindre.

34

Soundja tchiktan be dakhatchi, moudjilen teni tob ombi.

Celui qui observe les cinq devoirs, marque qu'il a le cœur droit.

35

Tatchire de amourangge, mergen de khantchi.

Celui qui a de l'amour pour apprendre est près de la sagesse.

36

Erde doro be dondjifi, yamdji boutchetchibe ombikai.

Celui qui le matin a entendu la voix de la raison peut mourir le soir.

37

Niyalma, taskha be noungnere moudjilen akô taskha niyalma be noungnere moudjilen bi.

L'homme n'a pas l'intention de faire du mal au tigre, mais le tigre a l'intention de faire du mal à l'homme.

38

Gosire de, souilabourakô ome moutembio tondo de djombourakô ome moutembio.

Celui qui aime, ne peut-il pas faire des corrections? celui qui est juste, ne peut-il pas faire des remontrances?

39

Soure genggiyen oulkhisou mergen gôwa niyalma tchi foulou ombi.

Celui qui est intelligent, éclairé, savant et sage, est supérieur aux autres hommes.

40

Mergen be saboutchi, djergilere be gôni, mergen akôngge be saboutchi, dolori beyede kimtchi.

Si vous voyez un homme vertueux, pensez à lui ressembler; si vous voyez celui qui ne l'est pas, examinez-vous en vous-même.

41

Boudai bao de fountchekhe bouda bitchi, djougôn de youyoure niyalma bimbi.

S'il y a du riz superflu dans la cuisine, il y a sur la route des hommes affamés.

42

Ambasa saisa djourgan be sambi, bouya niyalma aisi be sambi.

Le sage ne connaît que la justice, l'homme vulgaire ne connaît que les richesses.

43

Erdemou be wesikhoun obourengge saisa be khouwekiye-bourengge kai.

Celui qui place haut la vertu peut faire exemple pour le sage.

44

Niyalma bime gosin akô otchi, dorolon be ainara, niyalma bime gosin akô otchi, koumoun be ainara.

Si un homme est sans humanité, que fera-t-il des rites? Si un homme est sans humanité, que fera-t-il de la musique?

45

Djougôn goro otchi morin i khôsoun be sambi, inenggi goidatchi niyalmai moudjilen be oulkhimbi.

Quand la route est longue, on connaît la force du cheval. Une suite de jours fait connaître le cœur de l'homme.

46

Beyebe tob oboume mouterakô otchi, niyalma be adarame tob oboumbi.

Celui qui ne peut pas se redresser lui-même, comment peut-il redresser les autres?

47

Niyalma omirakô djeterakôngge akô, amtan be same bakhanarangge komso sembikhe.

Il n'y a pas d'hommes qui ne mangent et ne boivent, mais peu sont capables d'apprécier les saveurs.

48

Abka na i amba seme, niyalma khono gosara babi.

Quelle que soit la grandeur du ciel et de la terre, l'homme y trouvera encore à reprendre.

49

Niyalmai kidoure gônirengge tchira botcho akô.

Les pensées et les désirs de l'homme n'ont ni forme ni couleur.

50

Foutze khendoume, ama bisire de, terei moudjin be touwambi, ama akô okhô de terei yaboun be touwambi, ilan aniya otolo, ama i doro be khafarakô otchi, khiyoochoungga setchi ombidere.

Foutze dit : Du vivant de ton père, tu suivras sa volonté ; ton père étant mort, tu suivras sa conduite, et si, pendant trois ans, tu ne t'écartes pas de la voie de ton père, cela pourra s'appeler la piété filiale.

51

Moudjilen dolo daldarakô otchi, toumen khatchin yooni getouken ombi.

Celui qui n'a rien de caché au fond du cœur trouve que toutes les choses sont claires.

52

Beye de isiboure be tchikhakôngge be inou niyalma de oume isiboure.

Ce que tu désires qu'il ne soit pas fait à ta personne, ne le fais pas aux autres.

53

Erdemou emteli akô, ourounakô douwali bi.

La vertu n'est pas isolée, elle trouve des compagnes.

54

Kheseboun sain otchi niyalma, khoutou be gelemboumbi, forgon wasika manggi khoutou inou netchindjimbi.

L'homme, dont le destin est favorable, fait peur aux démons; lorsque ce moment est passé, les démons reviennent l'attaquer.

55

Niyalmai moudjilen selei gese bitchibe khafan i fafoun khidja de adali.

Quand le cœur de l'homme est comme du fer, la loi du juge ressemble à l'enclume.

56

Gosingga ourse djobochorakô, mergengge ourse khôlimbourakô, batouroungga ourse golorakô.

Ceux qui sont humains n'ont pas de chagrin; ceux qui sont sages n'ont pas de déception; ceux qui sont braves n'ont pas de crainte.

57

Niyalmai oubiyarangge be saichara, niyalmai saicharangge be oubiyara otchi, terebe niyalmai banin be foudaraka sembi.

Aimer ce qui est repoussé par l'homme, repousser ce qui est aimé par l'homme, cela est une révolte contre la nature de l'homme.

58

Iletou cheleme boure okhode, boutoui batchi toodame djimbi.

Si tu fais l'aumône dans la clarté, la récompense te viendra d'un lieu caché.

59

Sakhakô bitkhe be khôlatchi sain goutchou be bakha gese, khôlakha bitkhe be saboutchi fe goutchoube atchakha gese.

Lire un livre que l'on ne connaît pas, c'est comme si l'on possédait un bon ami ; revoir un livre déjà lu, c'est comme si l'on retrouvait un ancien ami.

60

Noure be komsokon i omi, baita be fouloukan i oulkhi.

Bois moins de vin, et apprends plus de choses.

61

Yadakhôn bime khaldaba akô, bayan bime thokto akôngge, antaka.

Un pauvre qui n'ait pas de bassesse, un riche qui n'ait pas d'orgueil, cela existe-t-il?

62

Gisourere de girourakô otchi, yaboure de mangga ombi.

Celui qui n'hésite pas en parlant, trouvera des difficultés en agissant.

63

Goutchouse de noure benere anggala, emou inenggi ilan djergi bouda oulebou.

Plutôt que de présenter le vin aux amis, pendant le jour, offrez trois fois le riz.

64

Niyalma oulin i djalin de boutchembi, gaskha be i djalin de gaiboumbi.

L'homme meurt pour ses richesses, l'oiseau crève pour sa nourriture.

65

Golmin khiyang ni mouke emgeri eyekhe boldjou amasi bedererakô, niyalma sakdaka manggi ainakhai dakhôme asikhan odjorongge.

Les vagues, une fois écoulées dans les eaux du grand Kiang, ne retournent pas; l'homme, lorsqu'il est devenu vieux, comment pourrait-il redevenir jeune?

66

Abka de idjiskhôn ningge taksimbi, abka de foudasikhôn ningge goukoumbi.

Celui qui est soumis au ciel se conserve; celui qui est en révolte contre le ciel se perd.

67

Sargan mergen otchi eigen de gasatchoun komso, djoui khiyoochoungga otchi ama i moudjilen soulfa.

Si l'épouse est sage, il y aura peu d'ennuis pour le mari; si le fils est respectueux, le cœur du père sera tranquille.

68

Ilan niyalma emgi yaboure de, ourounakô mousei sefou odjorongge bi.

Lorsque trois personnes marchent ensemble, il doit y en avoir une qui est notre maitre.

69

Asikhan ourse founiyekhe charaka niyalma be oume basoure, ilkha ilarangge khiyanakô oudou inenggi foulgiyan ombi.

Vous qui êtes jeune, ne riez pas de l'homme à cheveux blancs; la fleur qui s'épanouit, combien de jours restera-t-elle rouge ?

70

Abka, niyalma be oudjire goung bitchibe, niyalma, abka de karoulan khôsoun akô.

Quoique le ciel nourrisse l'homme avec soin, l'homme est sans force pour être reconnaissant envers le ciel.

71

Ibtenekhe mao be tcholitchi odjorakô, khoukoun boikhon i fadjiran be ilbatchi odjorakô.

Le bois pourri ne peut pas se sculpter; on ne peut maçonner un mur de terre et de boue.

72

Niyalma, aisi be saboukha godjime djobolon be sabourakô, nimakha, be be saboukha godjime welmiyekou be sabourakô.

L'homme ne voit pas le malheur et ne voit que le profit; le poisson ne voit pas l'hameçon et ne voit que l'appât.

73

Choun moukdefi alin i miyao khôwachasa ilara ounde, bodotchi gebou aisi sere anggala djirgara de isirakô.

Le soleil est à l'horizon et les bonzes du temple de la montagne ne sont pas encore levés; il vaut donc mieux rester en repos que de rechercher la gloire et le profit.

74

Edjen be weilere de dalkhidatchi giroutchoun ombi, goutchouse de dalkhidatchi aldangga ombi.

Celui qui est sans mesure en servant son maître en aura honte; celui qui est sans mesure envers ses amis restera seul.

75

Ambasa saisa mokhotchibe, akdoun, bouya niyalma mokhotchi, outkhai balai ombi.

Le sage, quoique appauvri, reste fort; l'homme vulgaire, s'il est appauvri, aussitôt devient vicieux.

76

Yadakhôn bime gasarakôngge mangga, bayan bime tchoktolorakôngge dja.

Il est difficile d'être pauvre sans envie; il est facile d'être riche sans orgueil.

77

Dorolon de mamgiyara anggala, khibtchan otchina, sinagan de, yangselara anggala gosikhon otchina.

Soyez réservé plutôt que prodigue pour les rites; soyez affligé plutôt que bien paré dans le deuil.

78

Gaskha boutchere khamime, terei gouwenderengge ousatchouka, niyalma boutchere khamime, terei gisoun sain.

Quand l'oiseau est sur le point de mourir, son chant devient plaintif; quand l'homme est sur le point de mourir, sa parole devient juste.

79

Moudjilen sain otchi bao de wesikhoun djoui bandjimbi, forgon sain otchi aiseme mafa i ousin de akdambi.

Si le cœur est bon, il naîtra dans ta maison un fils illustre; si le temps est favorable, pourquoi n'aurais-tu pas confiance dans le champ de tes aïeux?

80

Bi touwatchi oudoudou bao yadafi geli bayakabi, oudoudou bao bayafi dakhôme yadakhôn okhobi.

Combien j'ai vu de maisons pauvres devenir riches, et combien de maisons riches redevenir pauvres.

81

Tondo amban, djouwe edjen be weilerakô, djilikhangga khekhe, djouwe eigen be gaidjarakô.

Un ministre fidèle ne sert pas deux princes; une femme vertueuse ne prend pas deux maris.

82

Yaya djougôn de yaboure ourse, gemou entchou gachan i niyalma.

Tous ceux qui passent sur les routes, sont des hommes de différents villages.

83

Niyalma be tchira touwatchi odjorakô, mederi mouke be khiyase i miyalitchi odjorakô.

On ne peut juger l'homme par l'apparence; on ne peut mesurer l'eau de la mer avec un boisseau.

84

Emou sain gisoun de ilan touweri khalkhôn adali, ekhe gisoun niyalma be kokirabourengge ninggoun biya chakhô-roun gese.

Dans une bonne parole, il y a comme de la chaleur pour trois hivers; une mauvaise parole peut blesser l'homme comme six mois de froid.

85

Dergingge, dorolon de amouran otchi, irgen takôraboure de dja ombi.

Si les supérieurs observent les rites, le peuple sera facile à diriger.

86

Doulekengge be djabtchatchi odjorakô okho, djiderengge be kemouni tosotchi ombi.

On ne doit pas se tourmenter sur ce qui est passé, mais plutôt se préparer pour ce qui est à venir.

87

Geren tchookha de djiyanggiyôn be douritchi ombi, emteli khakha de moudjin be douritchi odjorakô.

On peut ravir un général à une armée entière, on ne peut pas ravir la pensée à un homme, fût-il seul.

88

Abkai djoui waka otchi, dorolon be gisourerakô, kemoun be toktobourakô, khergen be dasarakô.

Si l'on n'est pas le fils du ciel, on ne peut discourir sur les cérémonies, ni établir des mesures, ni corriger les caractères.

89

Koung Foutze i doro be yaboukha de, emou inenggi sidende bolgo ombi.

Pour pouvoir suivre la voie de Koung-Foutze, on doit être pur au moins un seul jour.

90

Niyalma de tousa aratchi, beye de tousa ombi.

Si tu fais du bien aux autres, ce sera profit pour toi-même.

91

Irgeboun i nomoun i ilan tanggô fiyelen be, emou gisoun de baktamboutchi ombi, gônigan miosikhon akô sekhe be kai.

Les trois cents pièces du livre des vers peuvent être contenues dans cette seule phrase : N'ayez pas de mauvaises pensées.

92

Tarire ikhan nememe djetere okho akô, tsang ni singgeri elemangga fountchetele djekou bi.

Si, d'un côté, le bœuf qui laboure n'a pas d'herbes pour manger, d'un autre côté, la souris du grenier a de la nourriture jusqu'au superflu.

93

Etoukou adou manakha erin de antakha goutchou komso, niyalma be labdou takakha de oudou waka labdou.

Au temps des habits déchirés, on a peu d'hôtes et d'amis. Lorsqu'on connaît beaucoup de personnes, on a beaucoup de contestations.

94

Ambasa saisa beye de baimbi, bouya niyalma, niyalma de baimbi.

Le sage s'interroge lui-même; l'homme vulgaire interroge les autres.

95

Edjen odjoro mangga, amban odjorongge dja akô sekhebi.

On dit qu'il est difficile d'être prince, mais il n'est pas facile d'être ministre.

96

Bi, niyalmai minde isiboure be tchikhakòngge be, bi, inou niyalma de isiboure be tchikhakò.

Je n'ai pas le désir de faire aux autres ce que je ne désire pas que les hommes me fassent.

97

Tondo amban otchi boutchere de gelerakô, boutchere de gelere otchi tondo amban waka.

Si le ministre est fidèle, il ne craint pas la mort; s'il craint la mort, ce n'est pas un ministre fidèle.

98

Djalingga khakha nomkhon niyalma be kholtome, nomkhon niyalma oumai sarkô be kadalara.

L'homme pervers trompe l'homme de bien; l'homme de bien prend soin de l'ignorant.

99

Niyalma de emou ikhan be bakhatchi, niyalma de emou morin be toodabou.

Si tu obtiens un bœuf de quelqu'un, rends-lui un cheval.

100

Moutere mouterakô babe fondjitchi ombi.

Il est possible d'interroger sur ce qui se peut et sur ce qui ne se peut pas.

101

Oulin bisire ourse gisoun be soume moutembi, oulin akô niyalmai gisoun be dondjirakô.

Ceux qui possèdent des richesses peuvent faire comprendre leurs paroles; les paroles de ceux qui n'ont pas de richesses ne sont pas entendues.

102

Doro be gônimbi, erdemou be memerembi, gosin de nikembi, mouten de sarachambi.

On doit penser à la raison, s'opiniâtrer pour la vertu, s'appuyer sur l'humanité. se divertir avec les arts.

103

Djalingga khakha eikhen be oubaliyame, elemangga nomkhon niyalma de morilaboure.

L'homme pervers sera changé en âne, et l'honnête homme montera dessus.

104

Aikabade niyalma de tousa ararakô otchi, foutchikhi be khôlakha seme yooni ountoukhouri ombi.

Si tu n'apportes aucun profit pour les hommes, tes cérémonies devant Bouddha seront complètement inutiles.

105

Ini bao be tatchiboutchi odjorakô bime, niyalma be tatchiboume mouterengge akô.

Celui qui ne peut pas instruire sa famille n'est pas celui qui peut instruire les autres.

106

Niyalma de minggan inenggi sain akô, ilkha fatakha manggi foulgiyan botcho gôwaliyambi.

Il n'y a pas pour l'homme mille jours de bonheur ; après que la fleur a été cueillie, sa couleur rouge se passe.

107

Bao yadakhôn okhode khiyoochoungga djoui be sambi, gouroun fatchoukhôn okhode tondo amban be takambi.

Lorsque la maison est pauvre, on reconnaît le fils respectueux ; lorsque l'empire est en désordre, on reconnaît le ministre fidèle.

108

Forgon genekhe manggi souwayan aisin i botcho gôwaliyambi, Erin isindjikha de sele inou eldeme djerkichembi.

Quand le temps est passé, l'or jaune perd la force de sa couleur ; lorsque le moment est venu, le fer même éblouit d'éclat.

109

Morin, yarfoun be toukheboure baili bi, indakhôn, orkho be ousikhiboure karoulan bi.

Le cheval a pour récompense qu'on lui ôte la bride ; le chien a pour récompense l'herbe mouillée.

110

Niyalma oki setchi djirgara be bairakô, djirgara be baiki setchi niyalma odjorakô.

Si tu veux être un homme, ne prends pas de repos; ne peut être un homme, celui qui désire le repos.

111

Makdame saichatchi khôtouri bandjinambi, firoume gisouretchi djobolon bandjinambi.

Si tu donnes des éloges, tu produiras du bonheur; si tu dis des injures, tu produiras du malheur.

112

Niyalma, da batchi aldjakha de fousikhôn, djaka, da batchi aldjakha de wesikhoun.

L'homme qui vient d'un lieu étranger est méprisable, la chose qui vient d'un lieu étranger est précieuse.

113

Kcm uni khôsoun boukhe akha be gôni, fachchan akôngge djoui be oume gônire.

Pense au serviteur qui t'a donné son travail, ne pense pas au fils qui est sans honneur.

114

Orkho dcrgi be gisouretchi, djougônde yaboure niyalma dondjimbi sekhebi.

Quand même on parle au milieu des champs, les passants du chemin entendent.

115

Oulin foulou otchi gisoun amba, khôsoun etoukhoun otchi niyalma be gidachambi.

S'il y a beaucoup de richesses, les paroles sont hautaines; s'il y a trop de force, on opprimera les hommes.

116

Bao de bifi ama eme be ginggoule, goro genefi khiyan dabourengge ai baita.

Si tu honores tes parents dans la maison, quel besoin sera-t-il d'aller au loin brûler des parfums?

117

Damou sain baita be yabou, karoulame atchaboure be oume fondjire.

Fais seulement de bonnes actions, et n'en demande pas en retour la reconnaissance.

118

Ounenggi serengge, beye beyebe mouteboure teile aki, djaka be moutebourengge kai.

Celui qui est parfait, non-seulement cherche à se perfectionner lui-même, mais il cherche à perfectionner toutes les choses.

119

Gisoun labdou otchi gisourere de oufarambi, labdou djekhe manggi dolo alichambi.

Avec beaucoup de paroles on se trompe en parlant; à beaucoup manger on chagrine son ventre.

120

Djikha bitchi outkhai baitala, boutchekhe manggi gemou ountoukhouri ombi.

Alors que tu as de l'argent, fais-en usage; après la mort, tout rentre dans le néant.

121

Emou erinde edoun, touwa i adali djili, touweri forgon i etoukou be deidjiboumbi.

La colère est comme le feu par un temps de vent : elle fait brûler les vêtements de la saison d'hiver.

122

Beyebe niyalma sarkô de djoborakô, niyalma be sarkô de djobombi.

Je ne m'afflige pas d'être inconnu des hommes, mais je m'afflige de ne pas les connaître.

123

Baita tome dabtame seoletchi, amaga inenggi aliyatchoun bakhafi gouwembi.

Si l'on pense mûrement avec persistance à chaque affaire, l'on peut éviter les regrets dans l'avenir.

124

Damou gosingga niyalma, niyalma be saichame moutembi, niyalma be oubiyame moutembi.

Il n'y a que l'homme vertueux qui ait le pouvoir d'aimer et de haïr les hommes.

125

Sain be iktamboukha bao de, ourounakô fountchetele khôtouri bi, ekhe be iktamboukha bao de, ourounakô amboula djobolon bi.

Dans la maison qui amasse le bien, le bonheur sera certainement jusqu'au superflu ; dans la maison qui amasse le mal, le malheur assurément sera en excès.

126

Foutze Khendoume, bi, erdemou be bouyerengge, botcho be bouyere adalingge be saboure ounde.

Foutze dit : Je n'ai pas encore vu quelqu'un aimer la vertu autant que la beauté.

127

Foutze Khendoume, dele bifi ontcho akô, dorolon be yaboure de gingoun akô sinagan de touchafi gosikhon akô otchi, bi, aibe touwambini.

Foutze dit : Être placé au sommet sans magnanimité, accomplir les rites sans respect, porter le deuil sans affliction, voilà ce que je ne puis comprendre.

128

Niyalma de goro seolen akô otchi, ourounakô khantchi djobolon bi.

Si l'homme est sans préoccupation des choses éloignées, assurément le malheur sera proche

129

Sargan mergen otchi bao bayan akô i djalin de djoborakô, djoui khiyoochoungga otchi ama aiseme djoulesi fatchikhiyachambi.

Si la femme est sage, on ne s'afflige pas dans la maison du manque de richesses ; si le fils est respectueux, pourquoi le père serait-il irrité?

130

Sain ekhe ningge be ilgabourakô otchi, bireme gemou sain setchi geli ombio.

Si l'on ne fait pas de différence entre ce qui est le bien ou le mal, peut-on alors appeler toutes choses le bien?

131

Ambasa saisai erdemou otchi, edoun, bouya niyalmai erdemou otchi, orkho, orkhoi dele edoun datchi, ourounakô naikhômbi.

La vertu du sage est comme le vent; la vertu de l'homme vulgaire est comme l'herbe : lorsque le vent passe par-dessus l'herbe, celle-ci s'abaisse.

132

Tze Goung, ambasa saisa be fondjire djakade, Foutze Khendoume, gisoun i onggolo yaboufi, amala dakhaboumbi.

Tze Goung ayant fait cette demande : Qu'est-ce que le sage? Foutze répondit : C'est celui qui agit avant ses paroles, et qui ensuite met ses actions en rapport.

133

Ama eme i bisire de, goro generakô, genetchi ourounakô itchi be alambi.

Du vivant de vos père et mère, ne vous éloignez pas; si vous partez, il faut les avertir du lieu où vous allez.

134

Erdemou bisirele goutchou be goutchoule, tousa akô goutchou be askhô.

Fais liaison avec des amis qui sont vertueux, retire-toi des amis qui sont inconvenants.

135

Ambasa saisa, djalan doukhentele gebou toutchirakô be oubiyambi.

Le sage regrette de ne pas voir son nom atteindre la suite des générations.

136

Djouse ama eme i sain ekhe babe kemouni songkolome yaboumbi.

Les enfants imitent généralement le bon et le mauvais de leurs parents.

137

Mergengge ourse mouke be bouyembi, gosingga ourse alin be bouyembi.

Les sages prennent plaisir sur les eaux; les hommes vertueux prennent plaisir sur les montagnes.

138

Boutchere bandjirengge emou erin i andande bi.

Ce qui est de vivre et de mourir, est l'espace d'un moment.

139

Orkho chakhôroun getchen de gelembime, getchen choun de gelembi, ekhe niyalma otchi tchisoui ekhe niyalma de akaboumbi.

Si l'herbe craint la gelée blanche, la gelée blanche craint le soleil; si l'homme est méchant, il sera lui-même tourmenté par un autre méchant.

140

Niyalma bandjire de emou inenggi seme baitalan akô oboume mouterakô, outkhai emou inenggi seme oulin akô otchi odjorakô.

Puisque l'homme ne peut pas vivre un jour sans besoins, alors il ne doit pas être un seul jour sans provisions.

141

Sain be yabourengge de tanggô khôtouri isiboure, ekhe be yabourengge de tanggô djobolon isiboure.

A ceux qui font le bien, il arrivera cent bonheurs; à ceux qui font le mal, il arrivera cent malheurs.

142

Dasan be leolembikhede ourounakô yao chôn be toukiyembi.

Lorsque l'on parle de gouvernement, on fait assurément l'éloge de Yao et de Chôn.

143

Djoui otchi khiyoochoulatchi atchara, deo otchi deotchiletchi atchara be inou satchibe.

Il faut savoir que, comme fils, on doit la piété filiale. et que, comme frère, on doit le devoir fraternel.

144

Endouringge niyalma bitkhe toutaboukhakô bikhe bitchi, djoulgei niyalmai sain gisoun sain yaboun bouroubboukha bikhe.

Si les saints ne nous avaient pas laissé des livres, les sages préceptes et les belles actions des anciens hommes auraient disparu.

145

Gosingga be yaboutchi bayan oume mouterakô, bayan oki setchi gosingga de odjorakô.

Celui qui est compatissant, ne peut pas être riche; celui qui veut être riche, ne peut pas être compatissant.

146

Baitai amala amtchame aliyara anggala an i outchouri tchiralame tatchiboure de isirakô.

Il vaut mieux profiter de l'occasion présente que de se repentir après l'évènement.

147

Gisourere djaboure de ourounakô dakhaskhôn oso, tere ilire de ourounakô fedjile oso.

En demandes et en réponses, soyez toujours modeste; debout ou assis, soyez toujours réservé.

148

Khonin deberen oudou amtangga bitchibe geren i angga de atchabourengge mangga.

Quoique le mouton ait bon goût, il sera difficilement agréable à la bouche de tous.

149

Niyalma yadakhôn otchi gônin fokholon, morin tourga otchi founiyekhe golmin.

Si l'homme est pauvre, il a l'esprit court; si le cheval est maigre, il a le poil long.

150

Oume bayan de akdafi yadakhôn be fousikhôchara.

Comptant sur tes richesses, ne méprise pas le pauvre.

151

Ambasa saisa erdemou be gônin de teboumbi.

Les sages placent la vertu dans la pensée.

152

Khaksan be yaboume djabchan be baire anggala, netchin de tefi kheseboun be aliyara de isirakô.

Il vaut mieux attendre sa destinée en repos et dans la tranquillité, que de rechercher des avantages en allant au danger.

153

Endouringge niyalmai bitkhe be khôlatchi tetendere, ourounakô doro giyan be satchi atchambi.

Si l'on veut étudier les livres des saints hommes, il faut connaître les lois et les mœurs.

154

Galga inenggi mouke eyere ko sangga be dasata, khôwanggar seme agara de belkhembi.

Nettoie par un beau jour la gargouille où coule l'eau, afin qu'elle soit préparée pour l'orage.

155

Tatchire oursei bitkhe khôlarangge oumai khafan oki serengge waka, tchokhome doro be getoukeleki sere gônin.

Ceux qui étudient les livres ne désirent pas devenir magistrats, mais leur esprit désire approfondir la doctrine.

156

Kaoli eretchi sain ningge akô, gonin eretchi djiramin ningge akô.

Rien n'est préférable aux coutumes; rien n'est plus profond que la pensée.

157

Sarangge, amourangge de isirakô, amourrangge sebdjelerengge de isirakô.

Celui qui connaît (une chose) n'approche pas de celui qui l'aime; celui qui aime (une chose) n'approche pas de celui qui y prend plaisir.

158

Mandjousiri Foutchikhi terei bade bitchi, geren ergengge teisou be bakhambi.

Si Mandjousiri Bouddha est dans ce monde, tous les êtres vivants obtiendront le nécessaire.

159

Indjetchi ini djalin ourgoundjembi, songgotchi ini djalin alichambi.

S'il rit, je me réjouis pour lui; s'il pleure, je me désole à cause de lui.

160

Emou niyalma touroulafi geren niyalma songkolome, emou bao yaboufi gachan i goubtchi alkhôdame.

Si un homme commence, tous les autres l'imitent; si une famille fait quelque action, tous les gens du village la suivent.

161

Niyalma netchin otchi gisourerakô, môuke netchin otchi eyerakô.

Quand l'homme est en paix, il ne parle pas; quand l'eau est dormante, elle ne coule pas.

162

Beyede isirakôngge de oume goutchoulere.

Ne fais pas de liaison avec ceux qui ne s'accordent pas avec ta personne.

163

Tatchikhai choungke bime niyalma kemouni sarko.

Bien qu'il ait épuisé le savoir, l'homme cependant ne sait rien.

164

Beye oudou tatchikô de bitchibe gônin bitkhe de akô.

Quoique sa personne soit à l'école, sa pensée n'est pas dans les livres.

165

Banin iskhounde khantchi, tatchin iskhounde goro.

(Les hommes) sont proches les uns des autres par la nature ; ils sont mutuellement éloignés par l'instruction.

Deuxième Partie

TEXTE MONGOL

ET

TRADUCTION FRANÇAISE

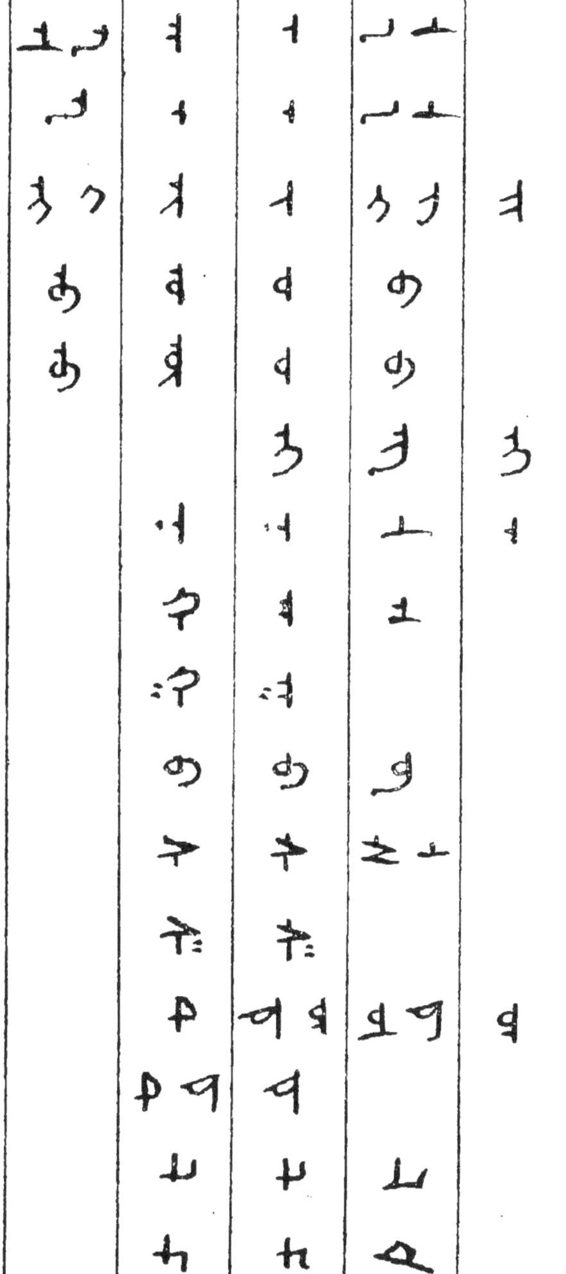

VALEUR	SEULES	INITIALES	MÉDIALES	FINALES	DEVANT une CONSONNE	OBSERVATIONS
A						La première forme finale de l'A et de l'E se sépare du mot.
E						
I						Après une voyelle. Devant une consonne.
O-OU						Sons de l'O et de l'OU ordinaires.
U						U français, quelquefois le son EU.
NG						Forme notre son nasal.
N						
KH						La finale se prononce K. Elle suit A, I, O et OU.
GH						G toujours dur.
B						
S						Se prononce toujours CH devant I.
CH						
T						
D						
L						
M						

VALEUR	SEULES	INITIALES	MÉDIALES	FINALES	OBSERVATIONS
TCH TS					
DJ DZ					
Y					Y prend quelquefois la forme finale.
K		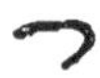		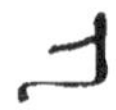	La forme finale suit seulement E, I et U.
G					
R					
W					

DIPHTHONGUES

VALEUR	SEULES	INITIALES	MÉDIALES	FINALES	OBSERVATIONS
AI	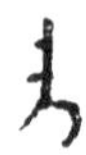	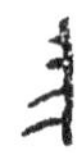	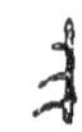	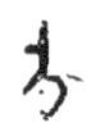	On voit que plusieurs diphthongues ont une même forme; l'usage seul peut en indiquer la prononciation.
EI	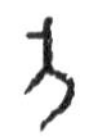	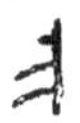	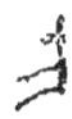	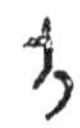	
OI *OUI*	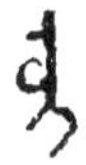	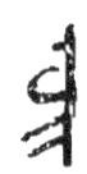	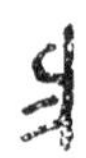	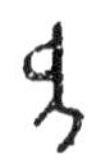	
UI	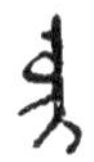	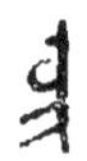	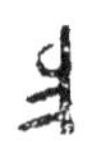	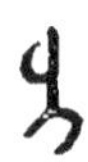	
AO		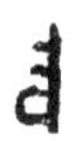	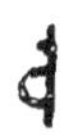	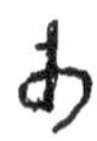	

VALEUR	SEULES	INITIALES	MÉDIALES	FINALES	OBSERVATIONS
ANG	ᠠᠩ	ᠠᠩ	ᠠᠩ	ᠠᠩ	L'usage seul peut indiquer la prononciation de plusieurs de ces syllabes qui ont une forme semblable.
ENG	ᠡᠩ	ᠡᠩ	ᠡᠩ	ᠡᠩ	
ING	ᠢᠩ	ᠢᠩ	ᠢᠩ	ᠢᠩ	
ONG *OUNG*	ᠣᠩ	ᠣᠩ	ᠣᠩ	ᠣᠩ	
UNG	ᠦᠩ	ᠦᠩ	ᠦᠩ	ᠦᠩ	

REMARQUES

Les observations qui ont été faites pour la prononciation du mantchou sont en partie applicables au mongol.

Il ne faut pas confondre la voyelle ᠢ *i*, placée devant une consonne dans le milieu d'un mot, avec cette même forme placée devant une voyelle; dans ce dernier cas, ce n'est plus un *i* simple, mais bien un *i* et un *y* joints ensemble.

Les lettres *KH* et *GH* se placent seulement devant les voyelles *a*, *o* et *ou*; et les lettres *K* et *G*, dont l'usage seul peut indiquer la différence de prononciation, devant les voyelles *e*, *i* et *u*.

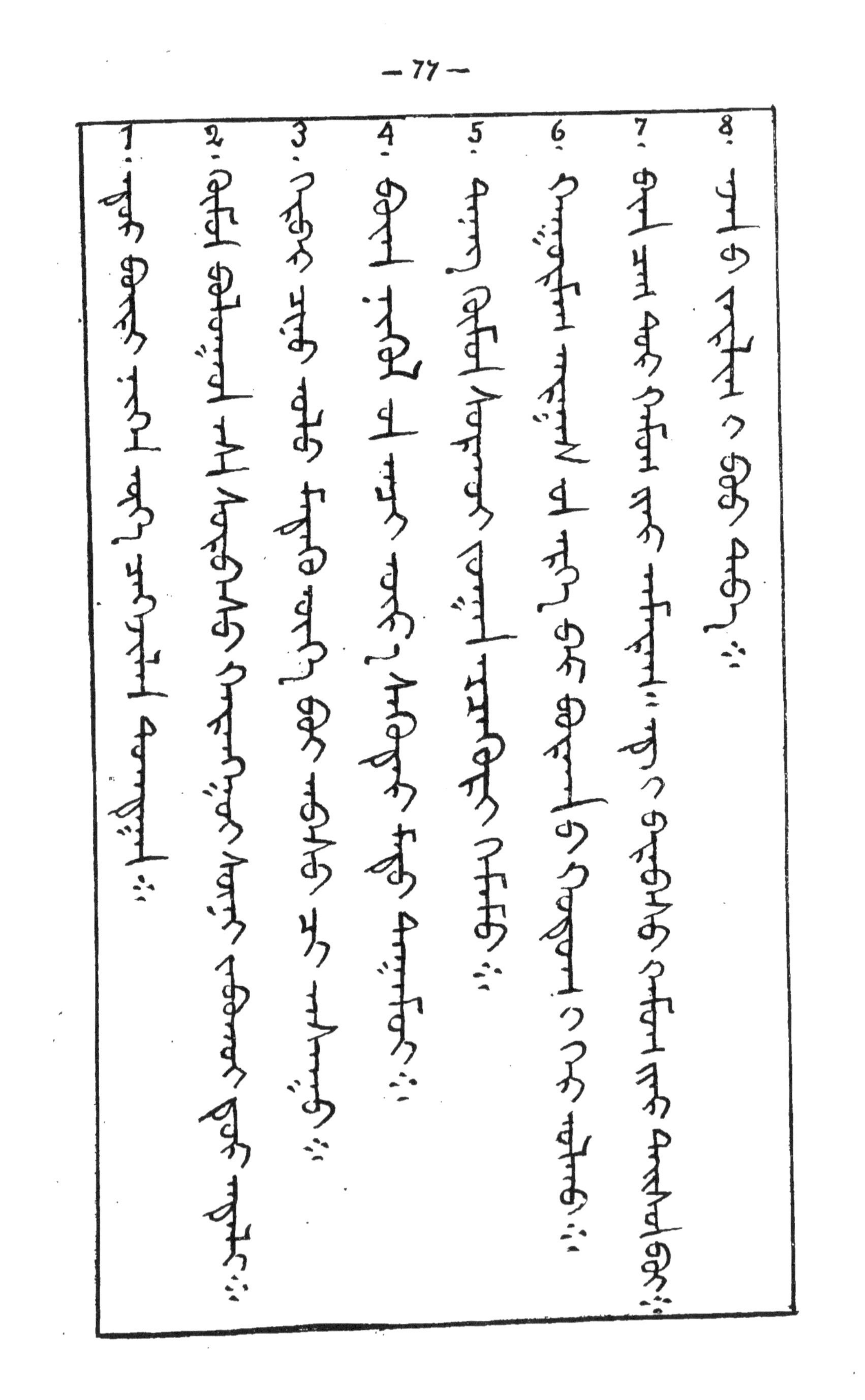

1. [illegible] ::
2. [illegible] ::
3. [illegible] ::
4. [illegible] ::
5. [illegible] ::
6. [illegible] ::
7. [illegible] ::
8. [illegible] ::

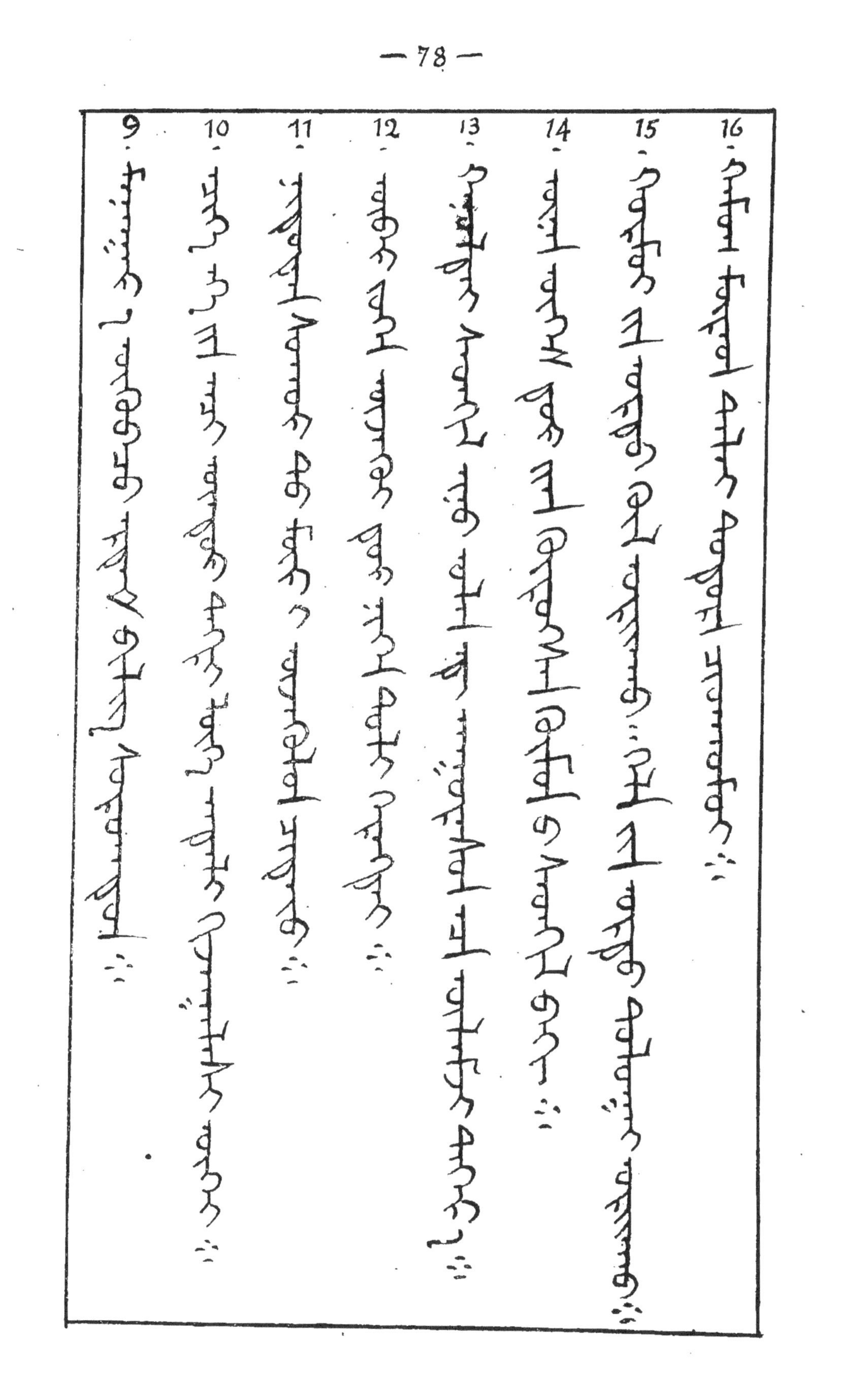

9 [illegible]

10 [illegible]

11 [illegible]

12 [illegible]

13 [illegible]

14 [illegible]

15 [illegible]

16 [illegible]

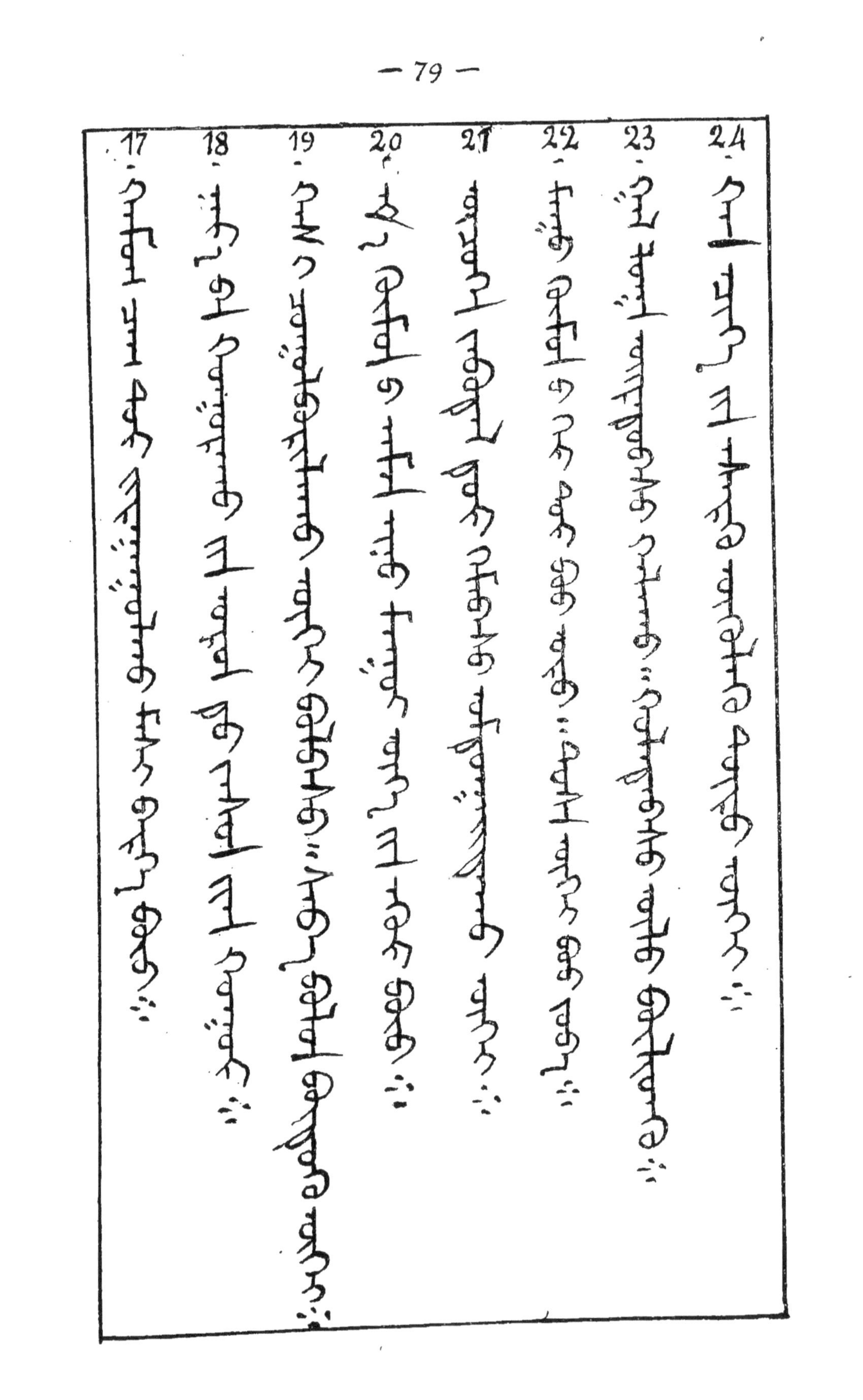

17 [illegible]

18 [illegible]

19 [illegible]

20 [illegible]

21 [illegible]

22 [illegible]

23 [illegible]

24 [illegible]

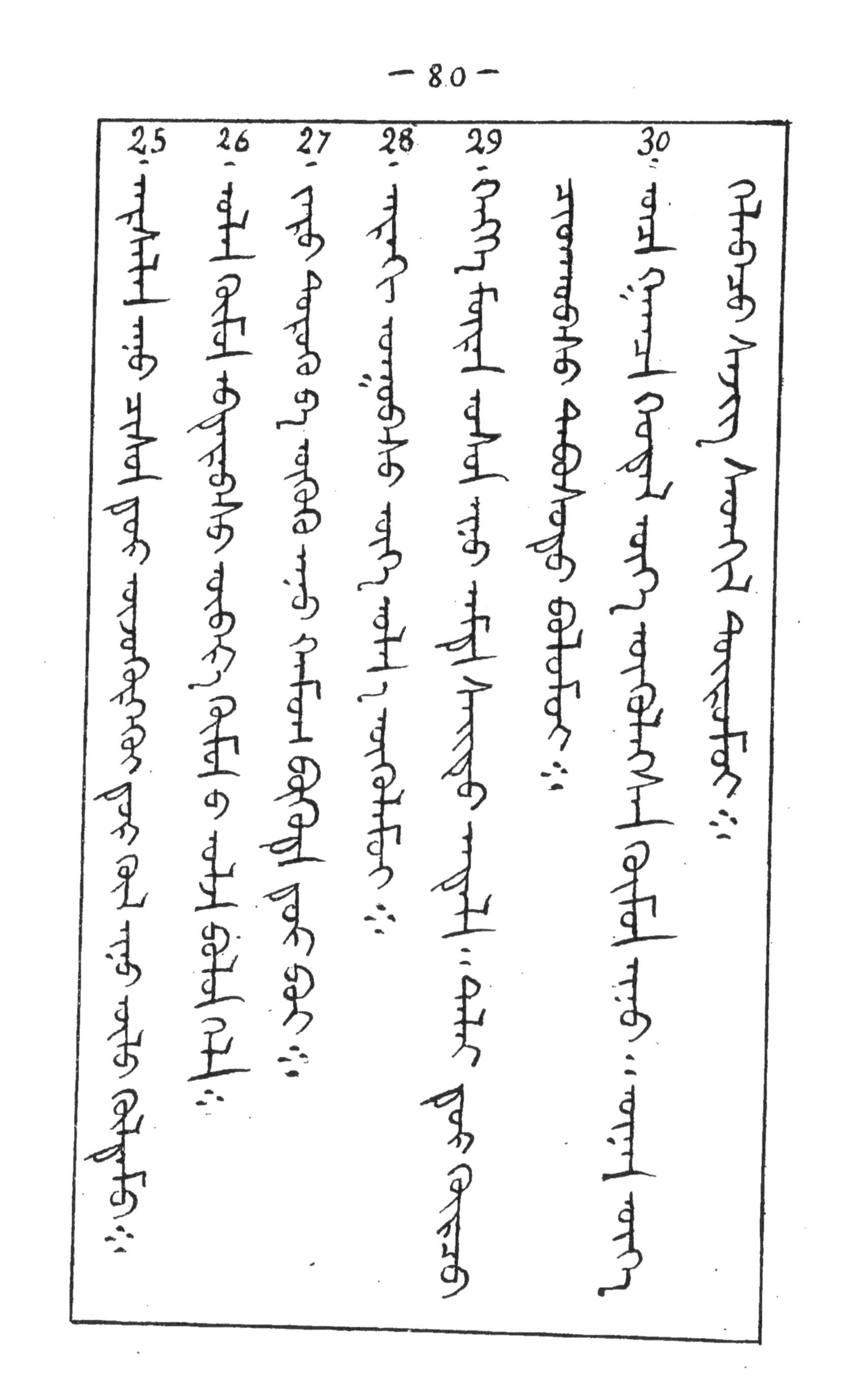

25. [illegible]

26. [illegible]

27. [illegible]

28. [illegible]

29. [illegible]

30. [illegible]

31 ᡝᠮᡠ ᠪᡳᡨᡥᡝ ᠪᡝ ᡨᠠᠴᡳᠮᡝ ᠮᡳᠨᡳ ᡠᡵᡠ᠉ ᡥᡳᠶᠣᠰᠣ ᠮᡳᠨᡳ ᡳᠯᡳᡥᠠ ᠪᡳᡥᡝ᠉

32 [illegible]

33 [illegible]

34 [illegible]

35 [illegible]

36 [illegible]

37 [illegible]

38 ᠨᡳᠶᠠᠯᠮᠠ [illegible] ᠉ [illegible]

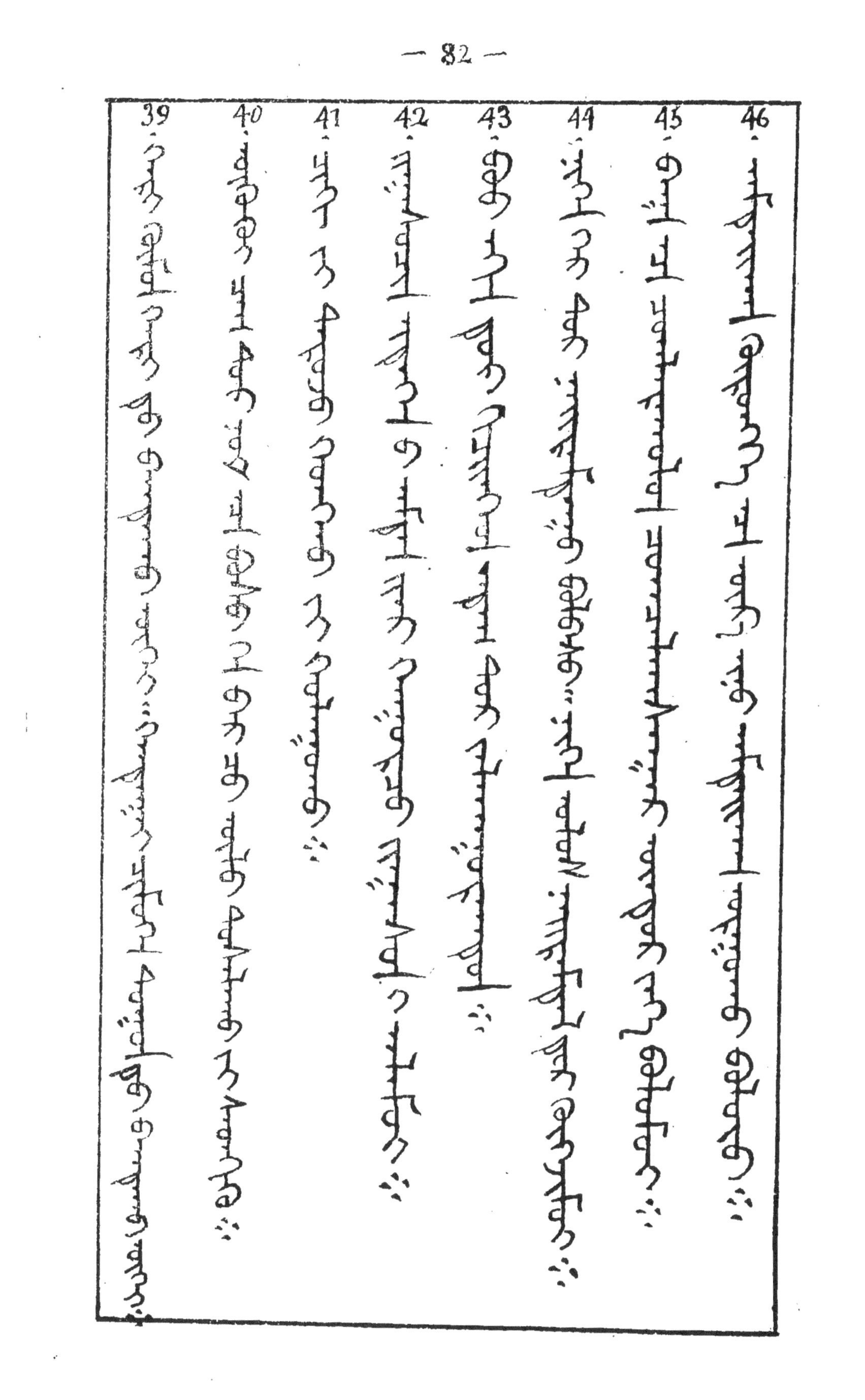

39. [illegible]

40. [illegible]

41. [illegible]

42. [illegible]

43. [illegible]

44. [illegible]

45. [illegible]

46. [illegible]

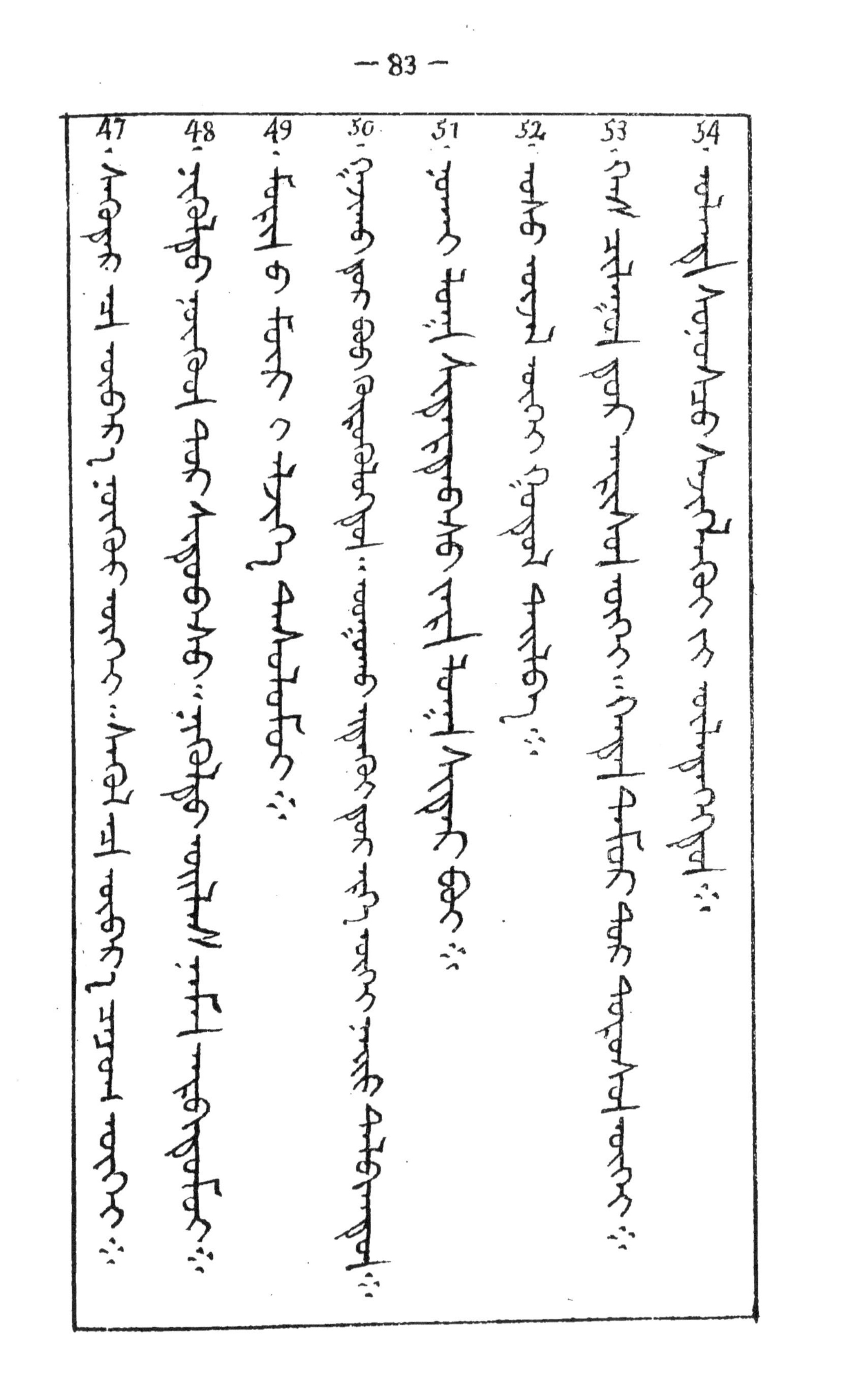

47 [illegible]

48 [illegible]

49 [illegible]

50 [illegible]

51 [illegible]

52 [illegible]

53 [illegible]

54 [illegible]

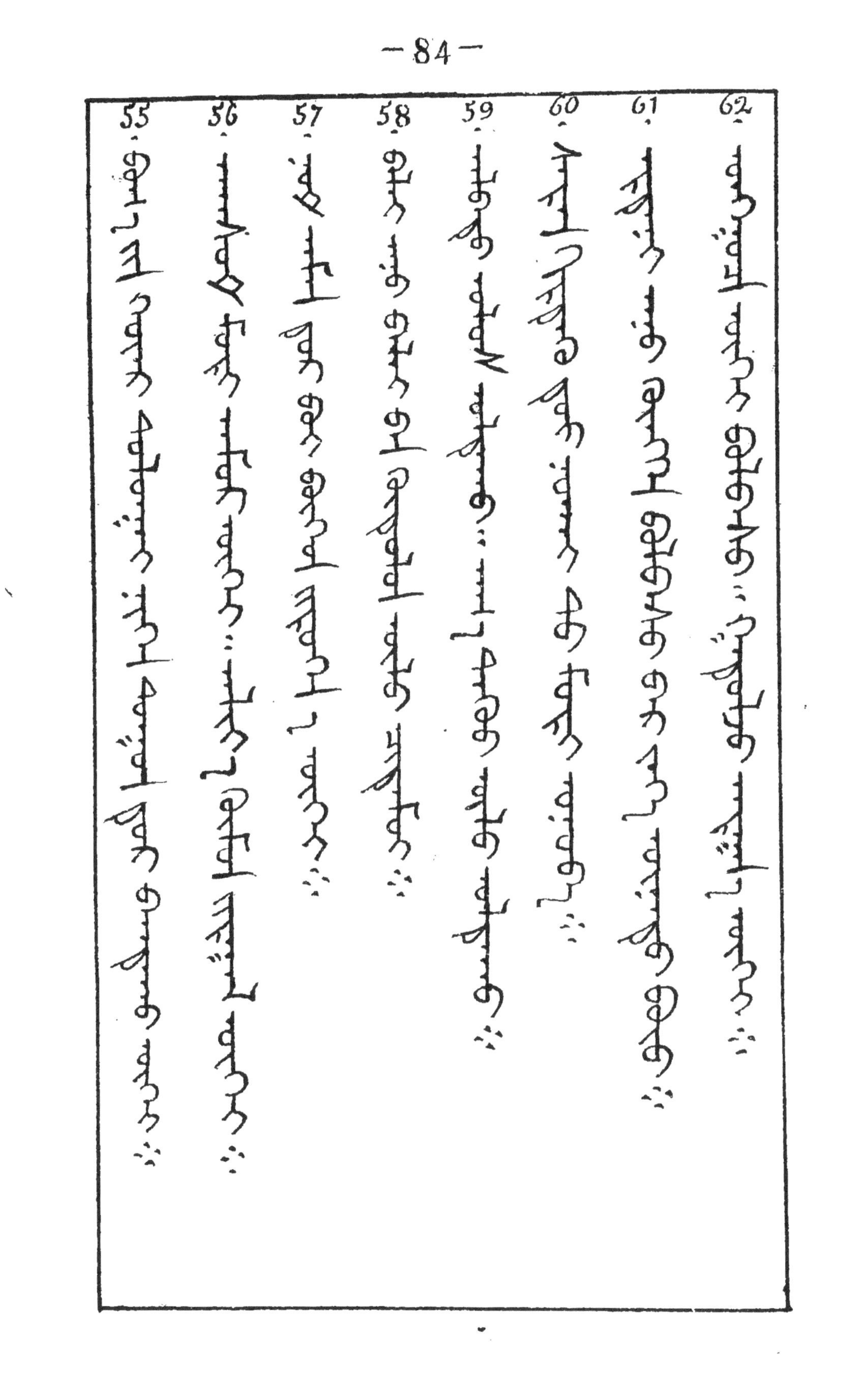

55 [illegible]

56 [illegible]

57 [illegible]

58 [illegible]

59 [illegible]

60 [illegible]

61 [illegible]

62 [illegible]

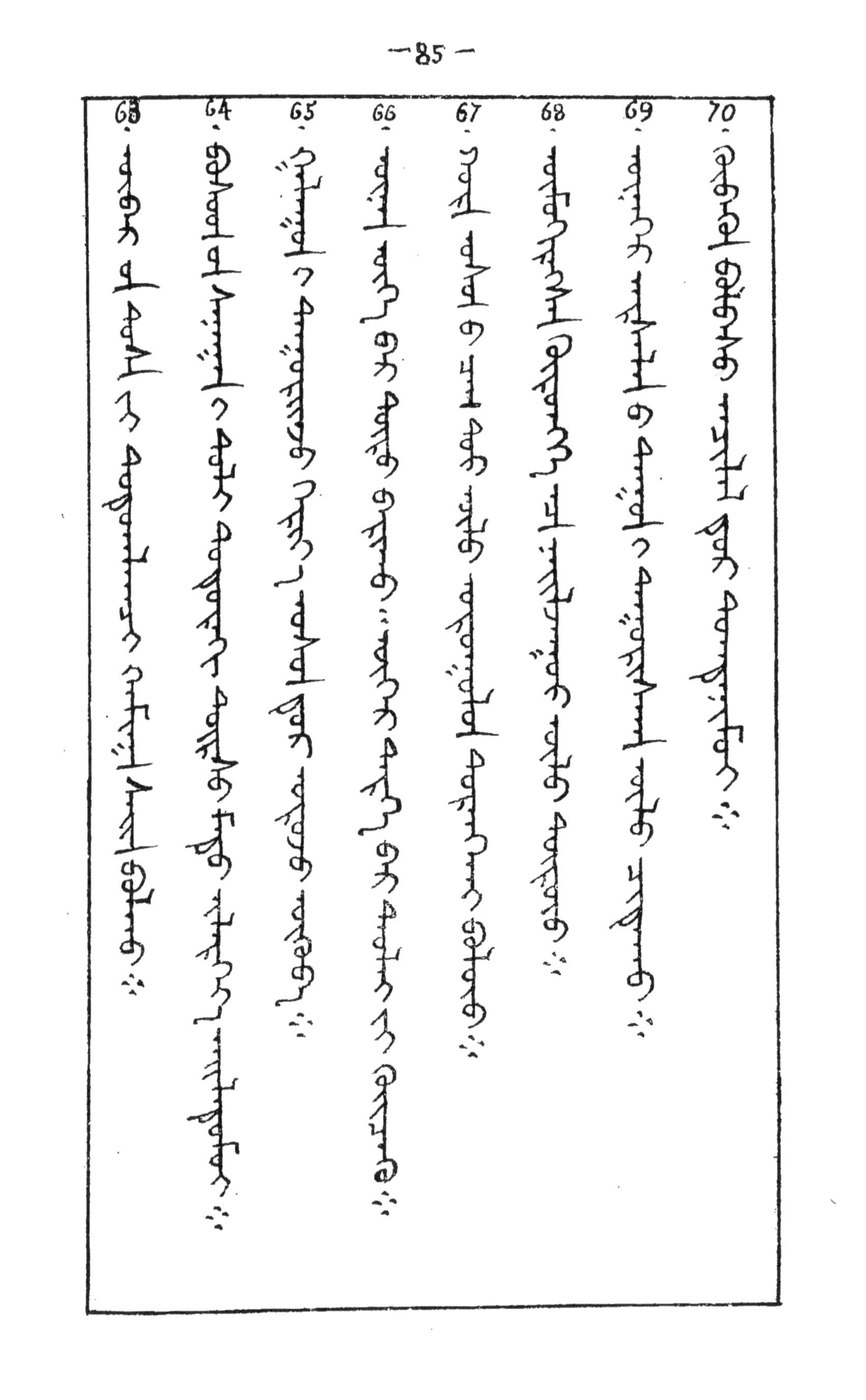

63. [illegible]

64. [illegible]

65. [illegible]

66. [illegible]

67. [illegible]

68. [illegible]

69. [illegible]

70. [illegible]

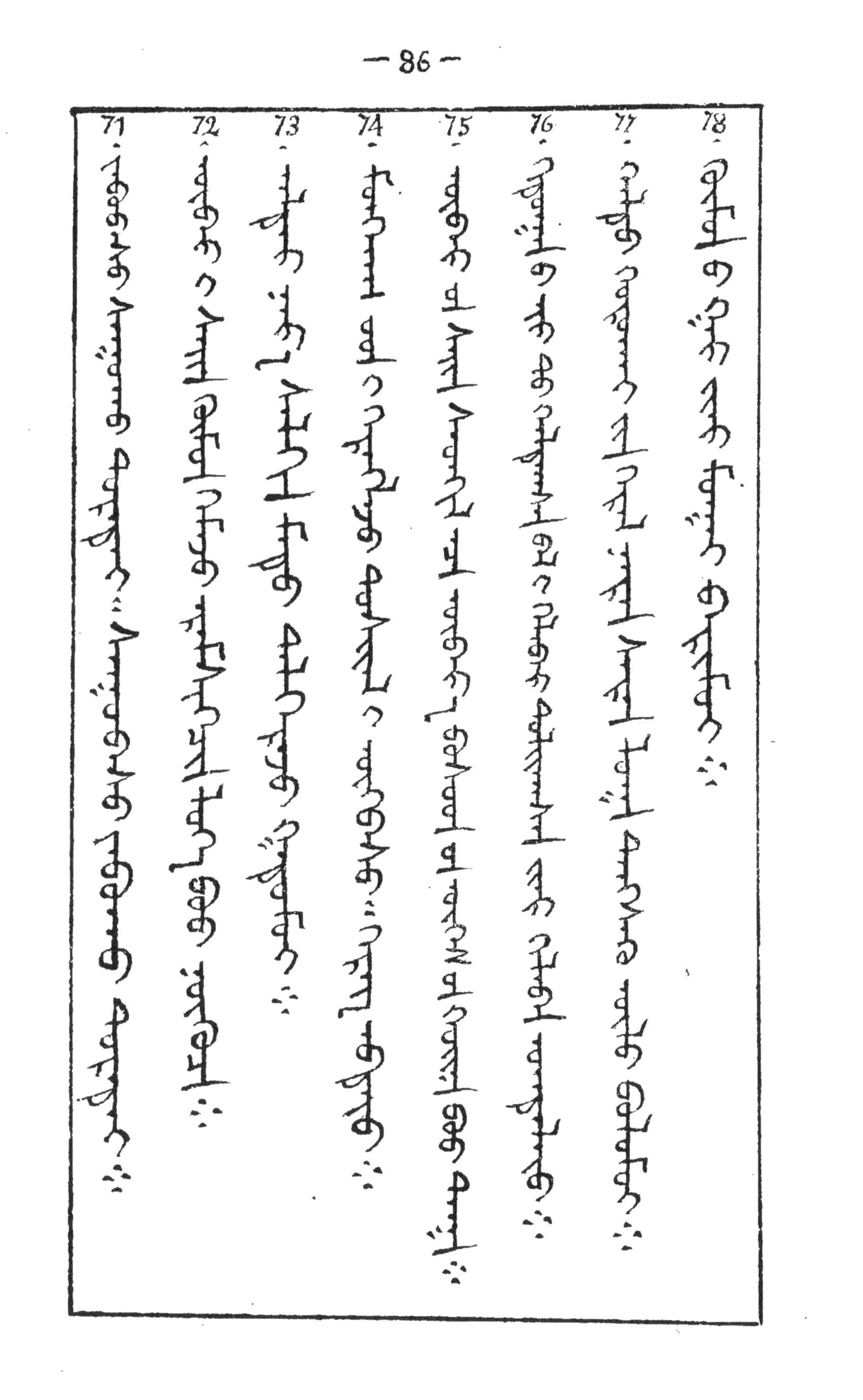

71. [illegible]

72. [illegible]

73. [illegible]

74. [illegible]

75. [illegible]

76. [illegible]

77. [illegible]

78. [illegible]

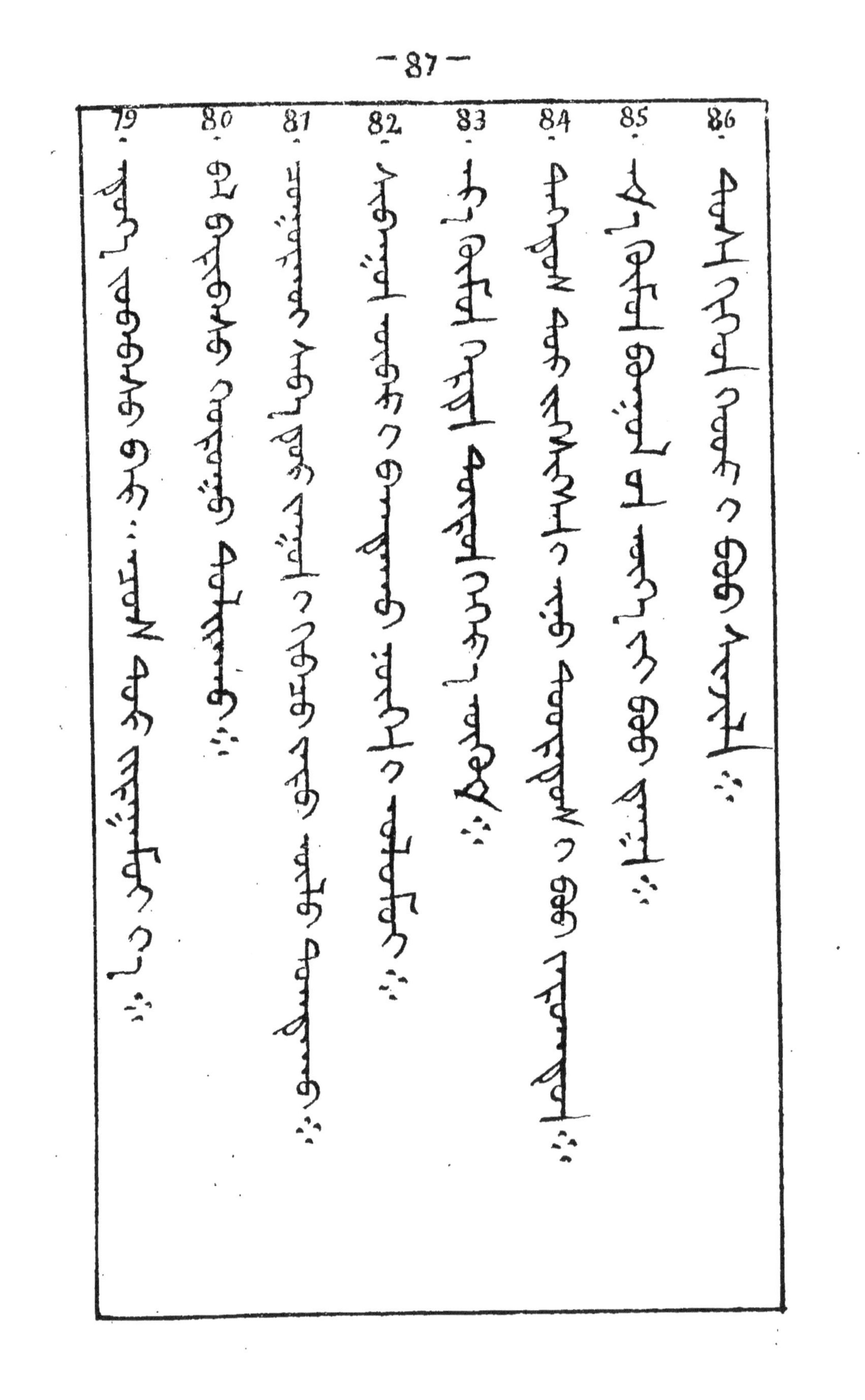

79 [illegible]

80 [illegible]

81 [illegible]

82 [illegible]

83 [illegible]

84 [illegible]

85 [illegible]

86 [illegible]

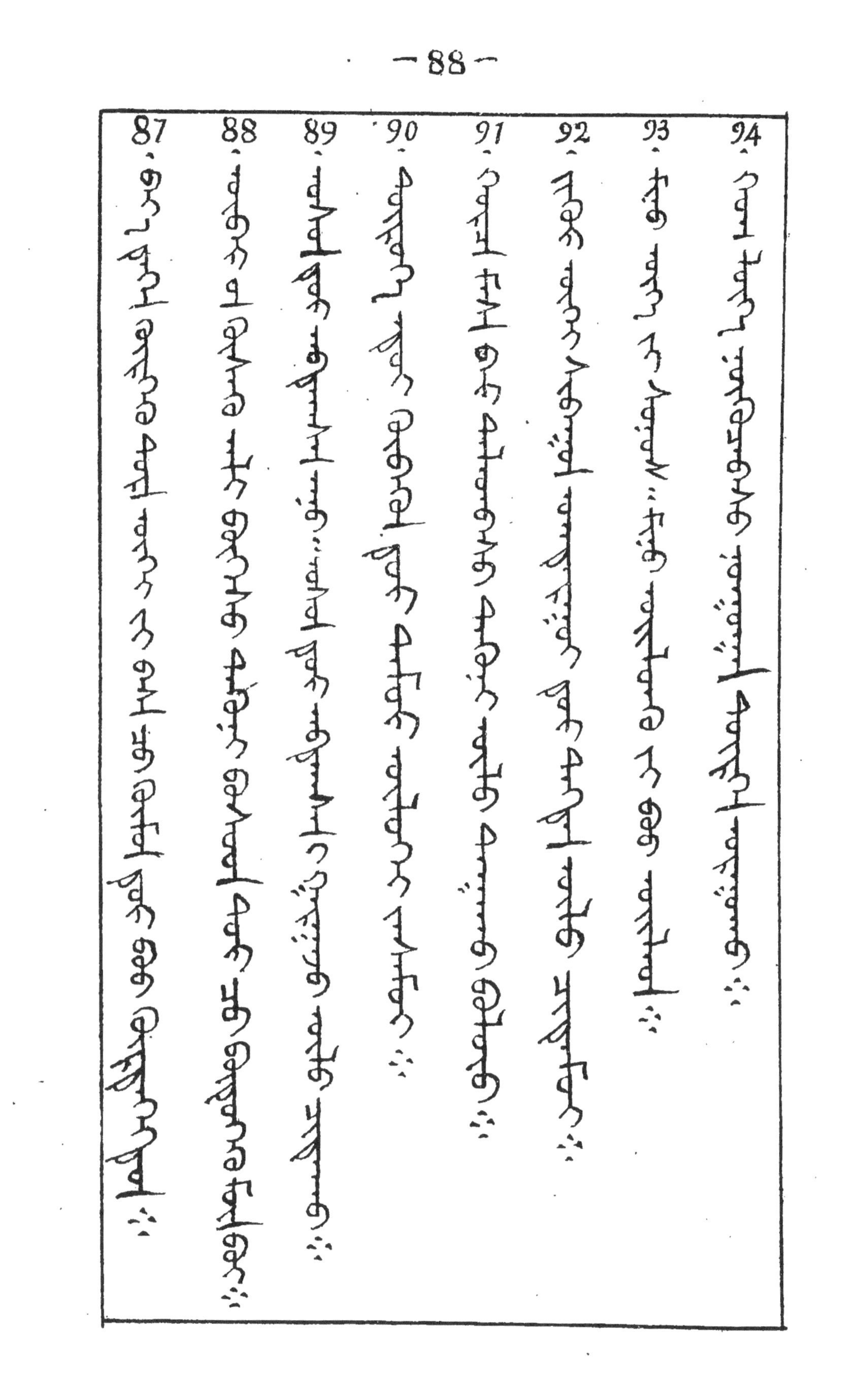

87. [illegible]

88. [illegible]

89. [illegible]

90. [illegible]

91. [illegible]

92. [illegible]

93. [illegible]

94. [illegible]

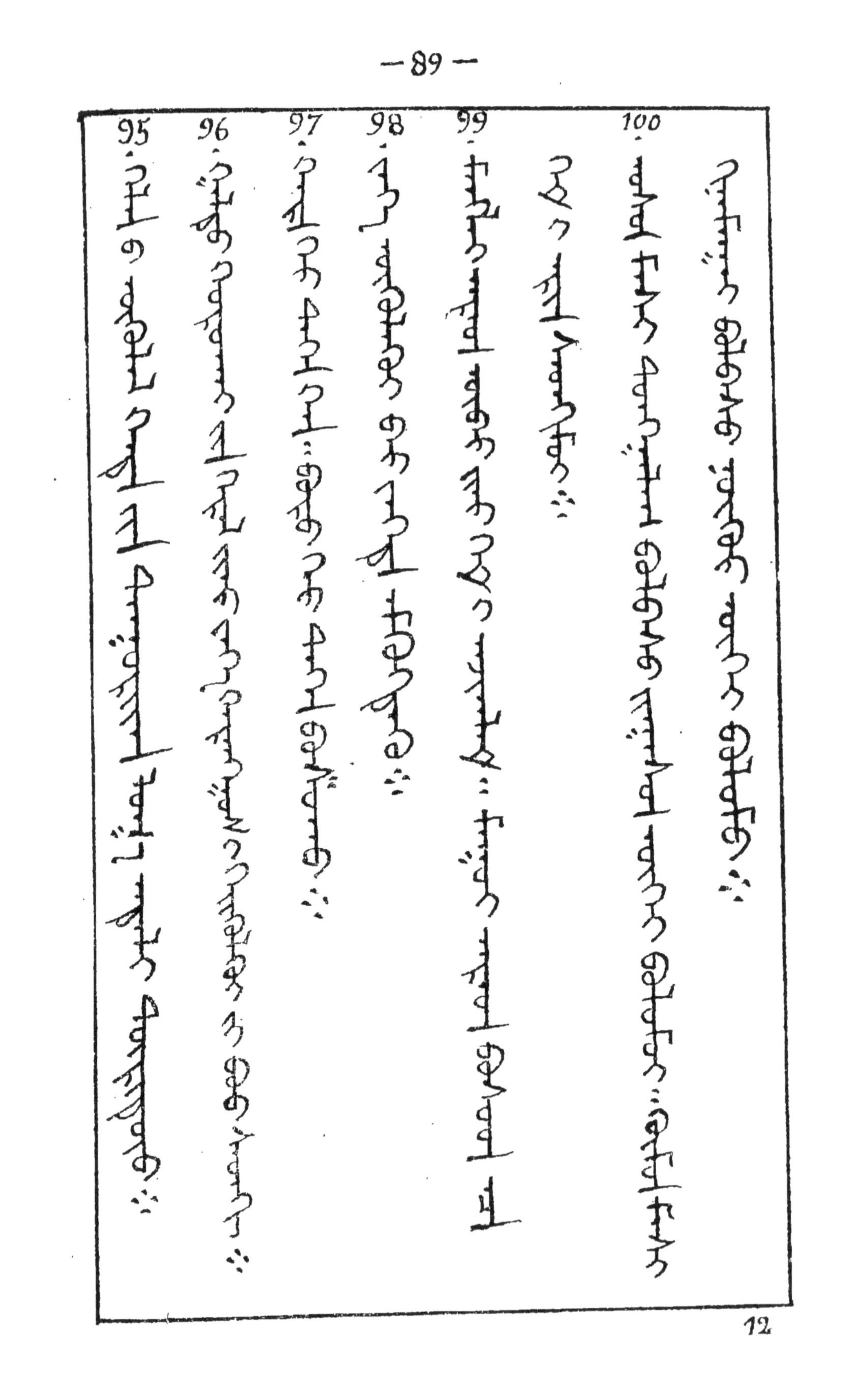

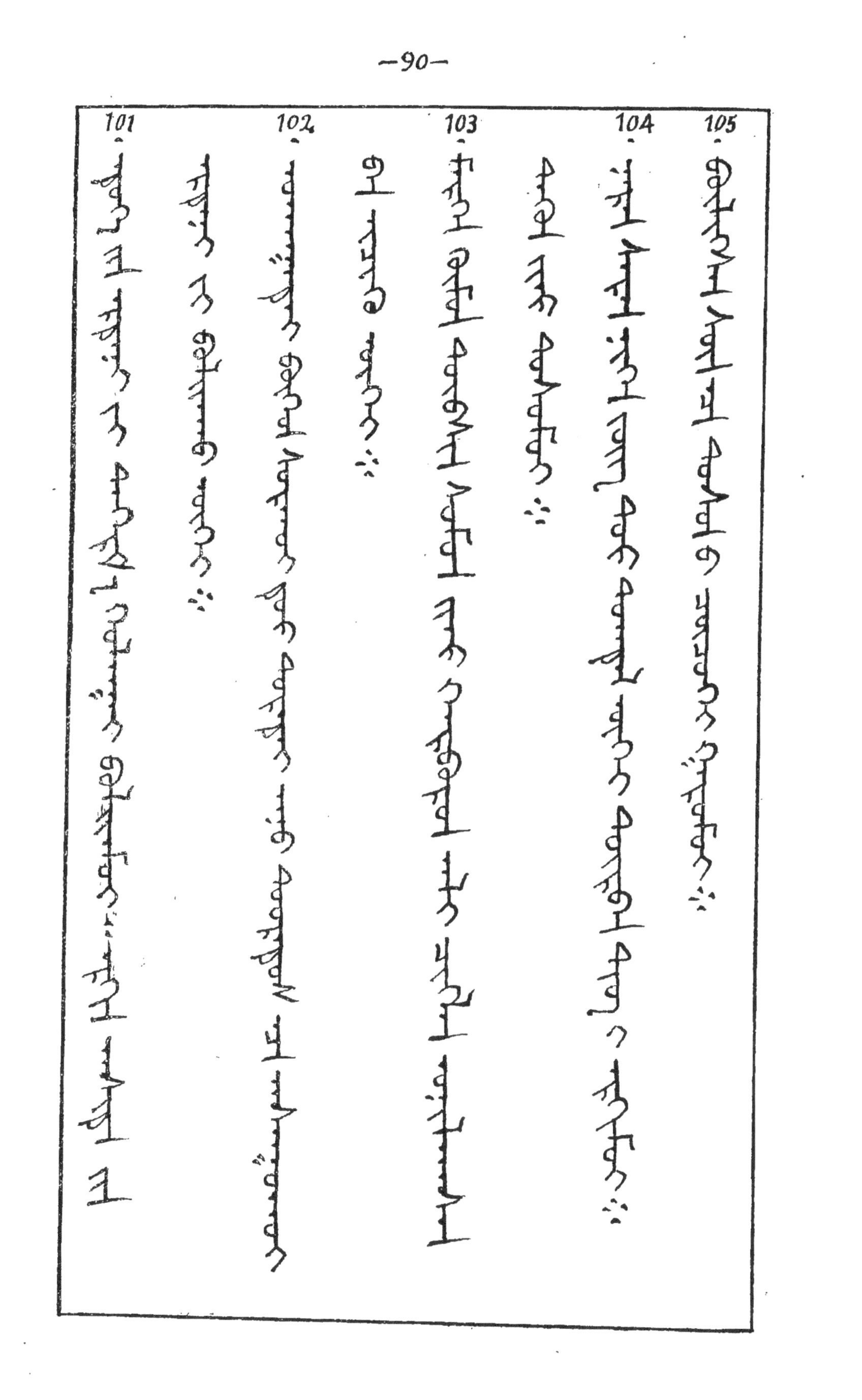

101 [illegible]
[illegible]

102 [illegible]
[illegible]

103 [illegible]
[illegible]

104 [illegible]

105 [illegible]

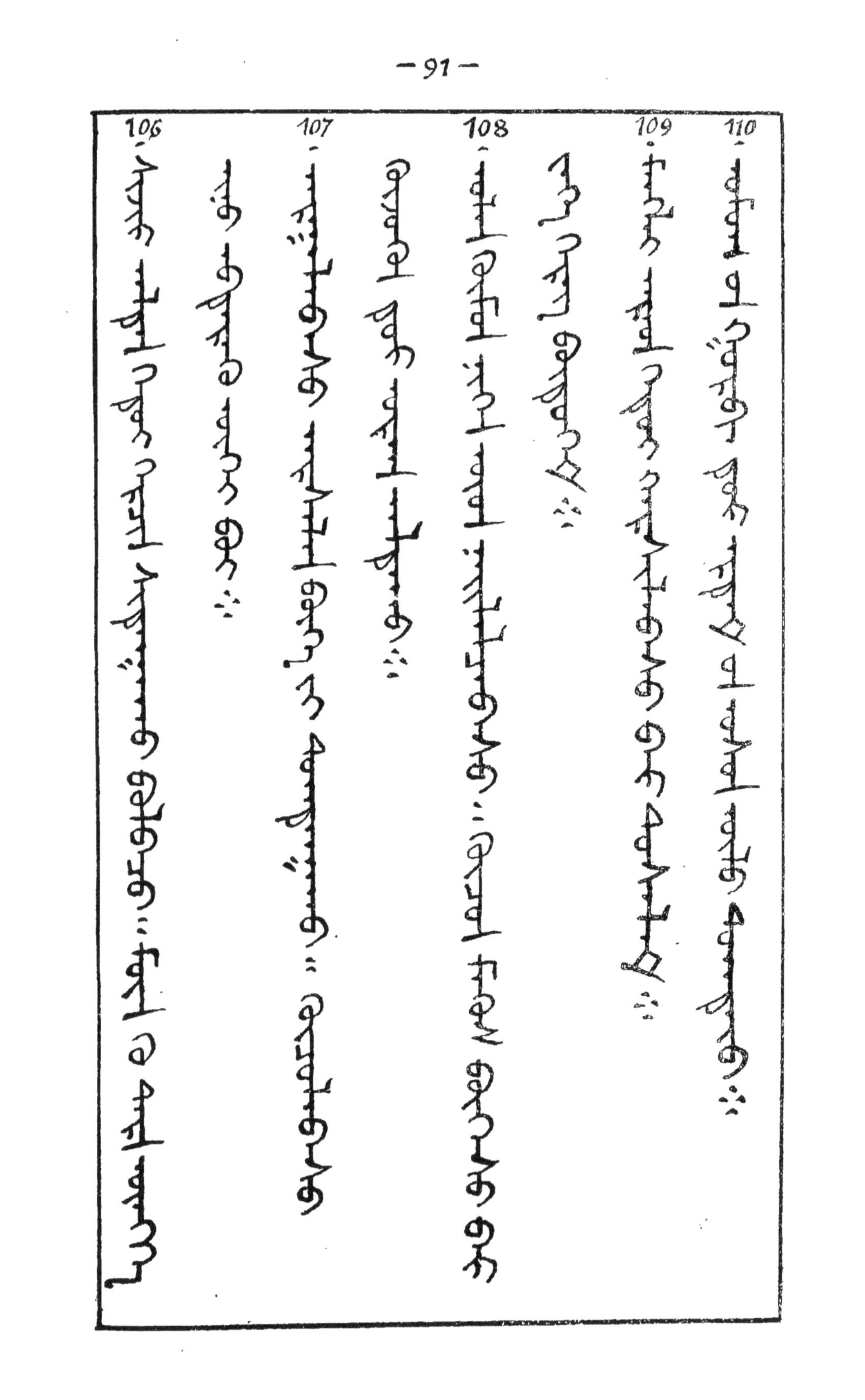

106 [illegible]

107 [illegible]

108 [illegible]

109 [illegible]

110 [illegible]

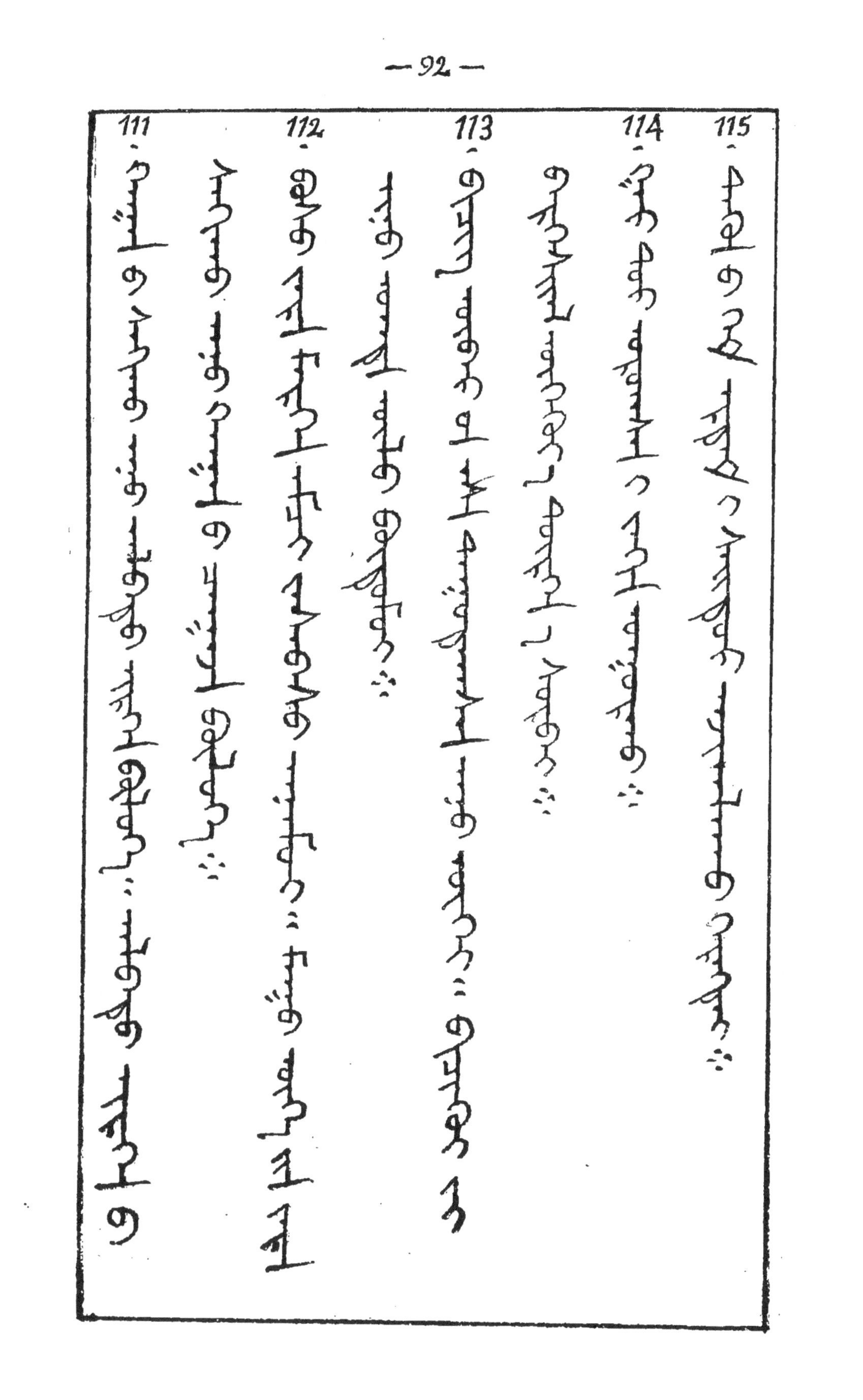

111 [illegible]

112 [illegible]

113 [illegible]

114 [illegible]

115 [illegible]

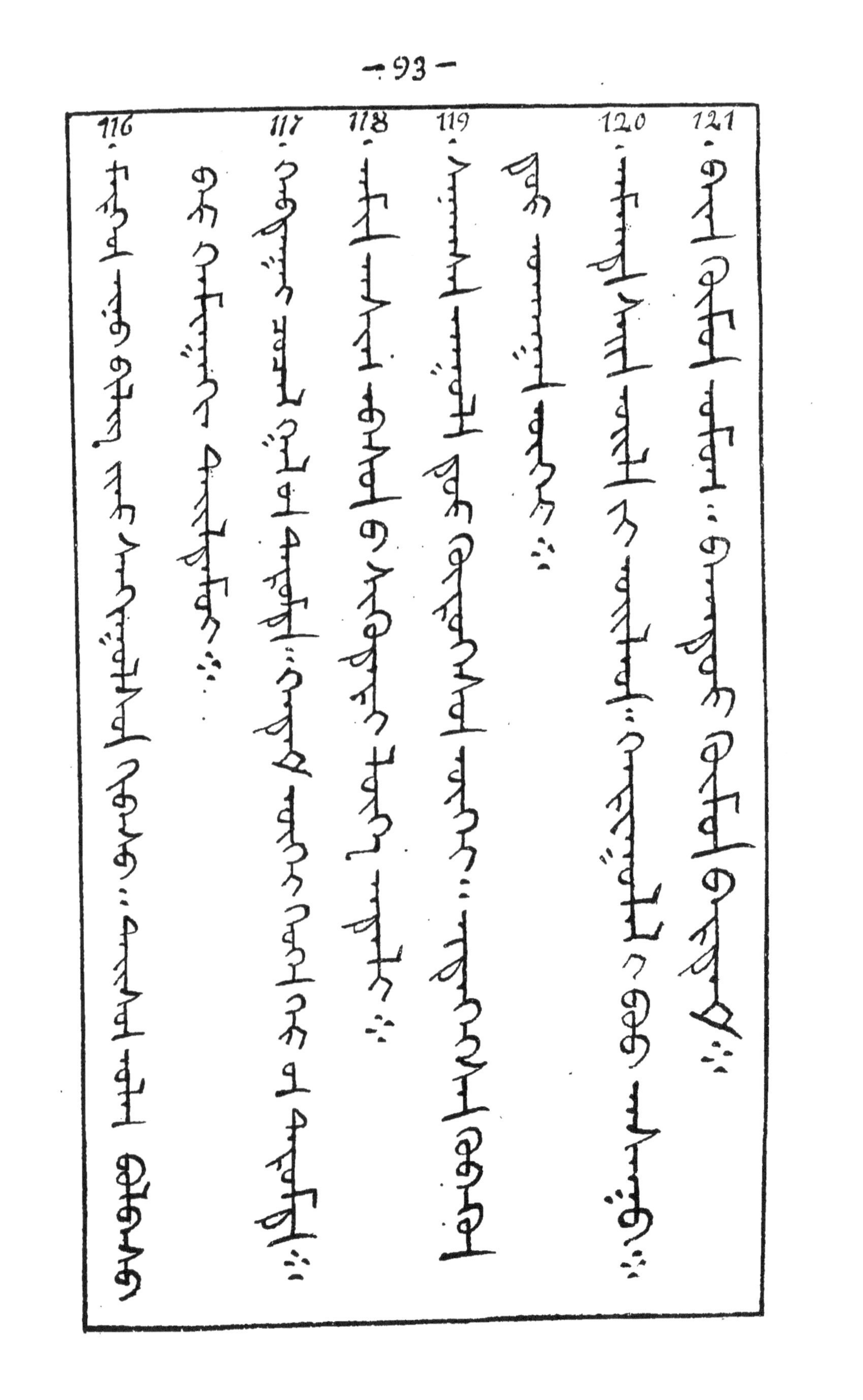

116 [illegible]

117 [illegible]

118 [illegible]

119 [illegible]

120 [illegible]

121 [illegible]

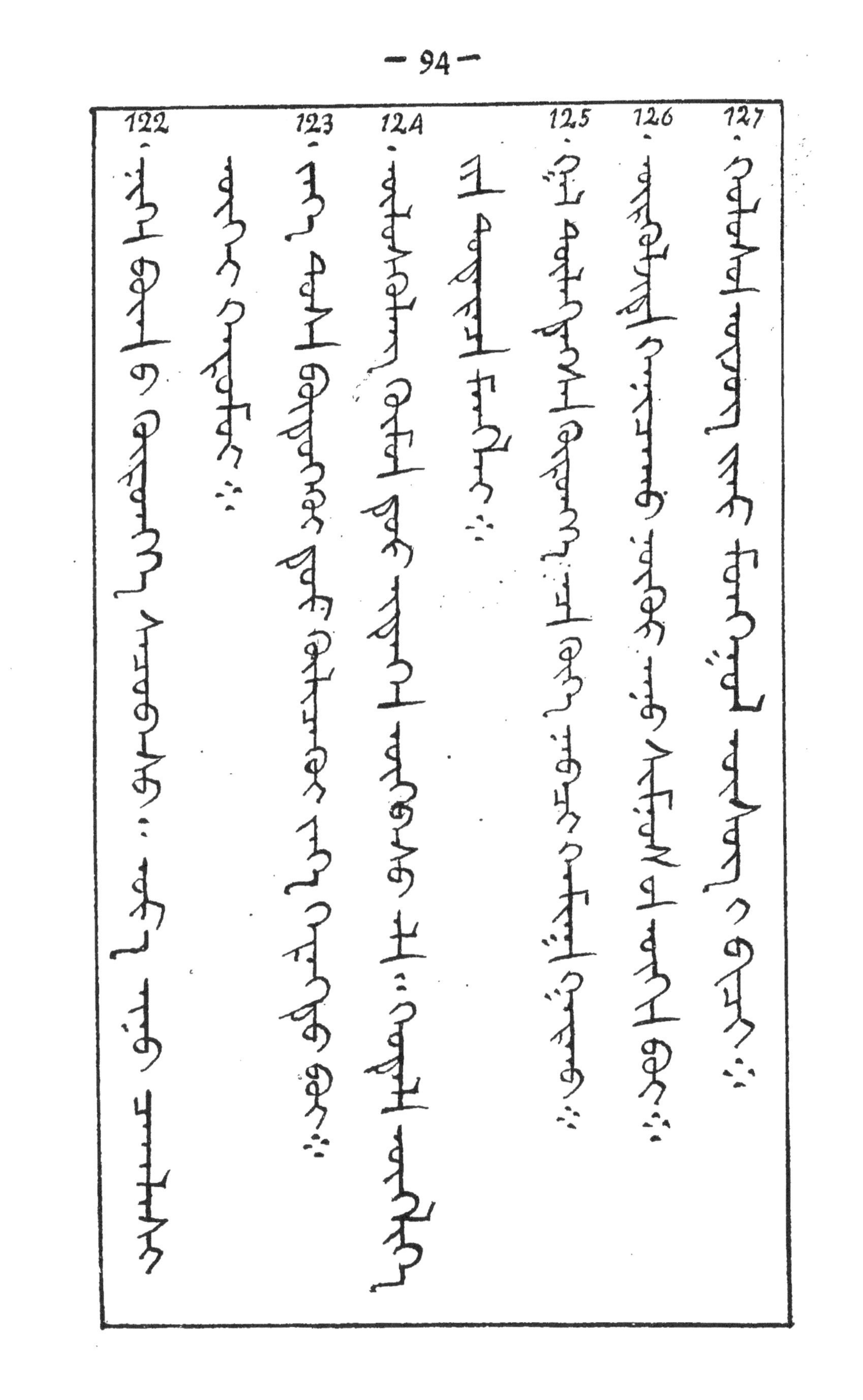

122.

123.

124.

125.

126.

127.

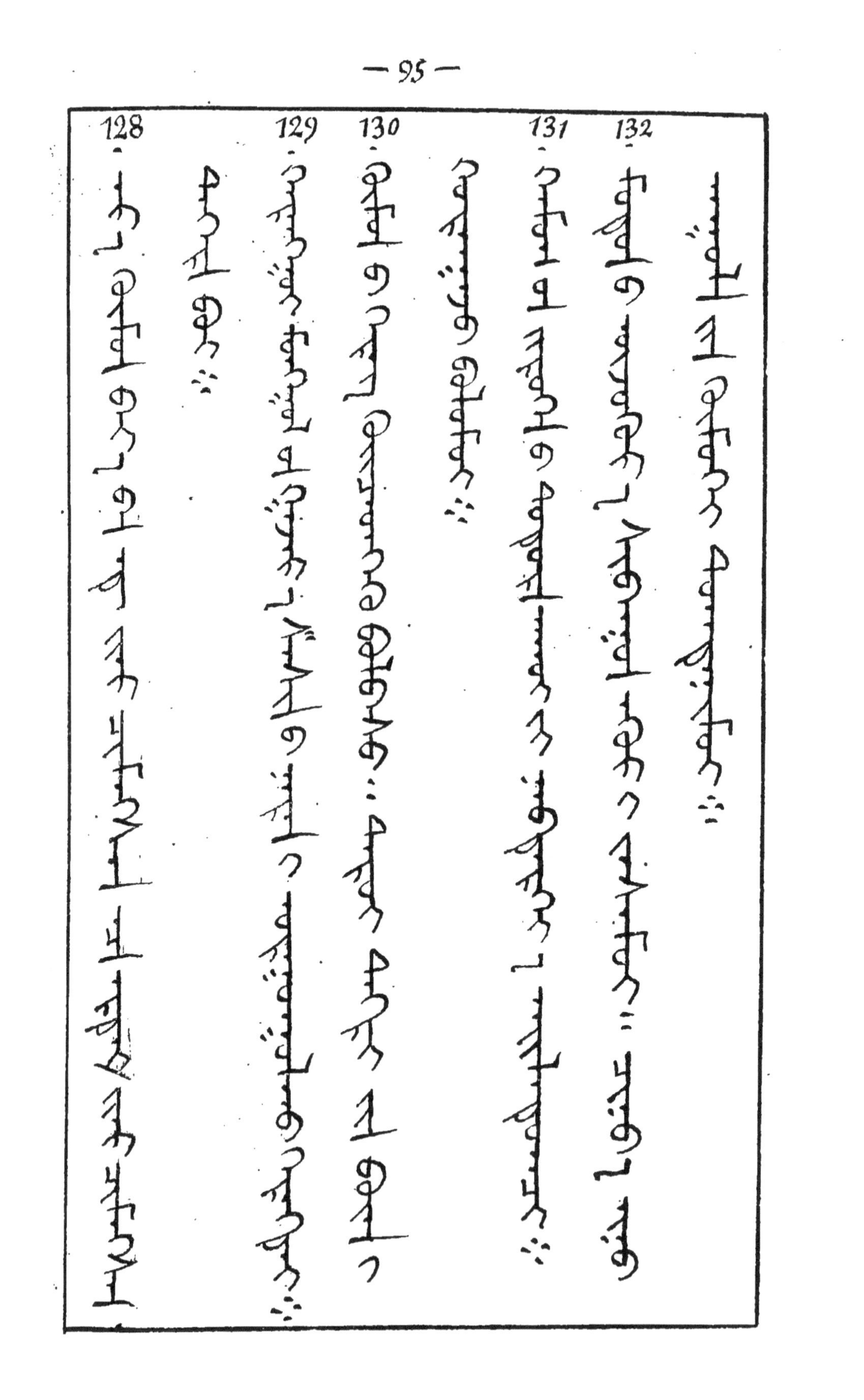

128 [illegible]

[illegible]

129 [illegible]

130 [illegible]

[illegible]

131 [illegible]

132 [illegible]

[illegible]

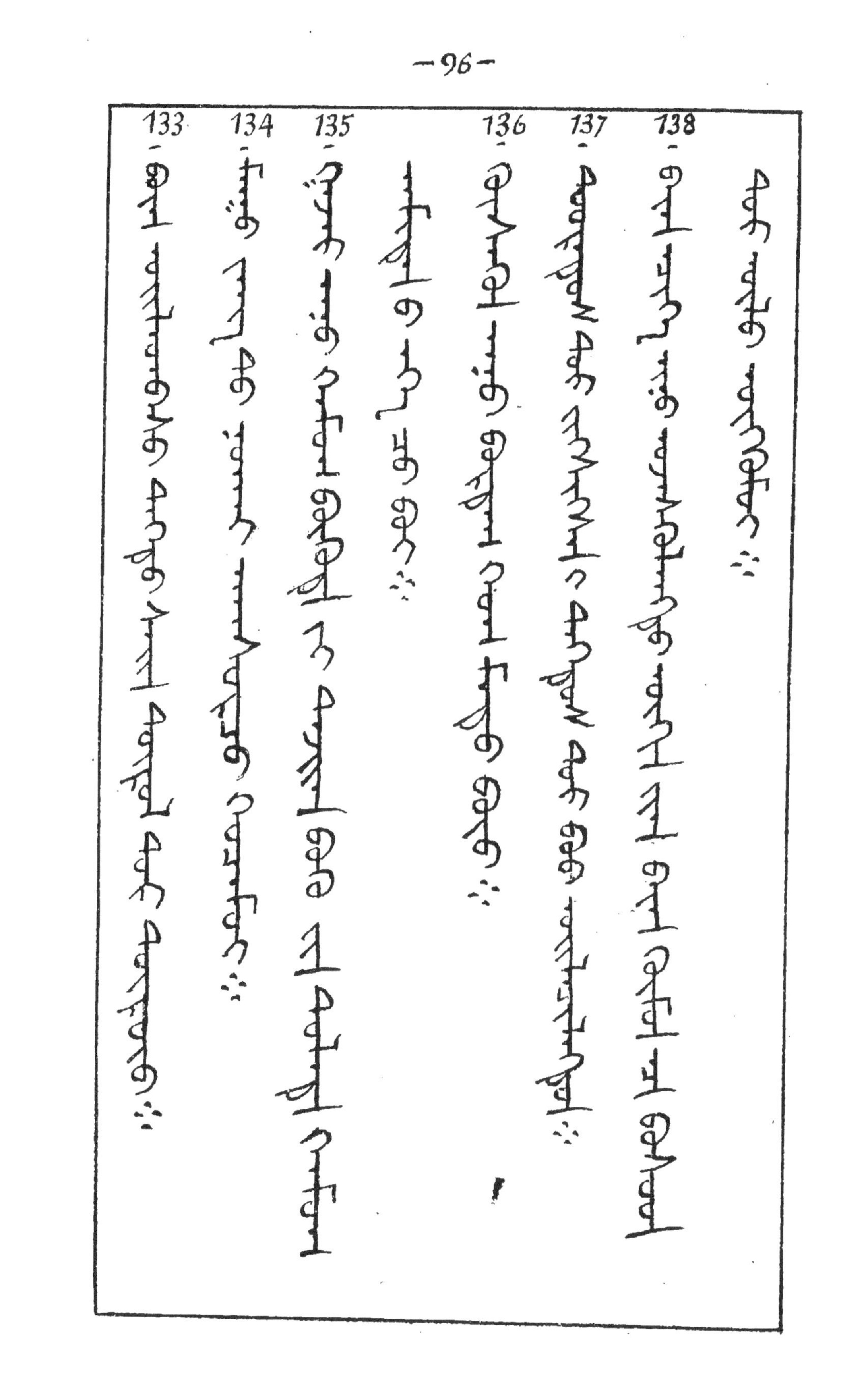

133 [illegible]

134 [illegible]

135 [illegible]

136 [illegible]

137 [illegible]

138 [illegible]

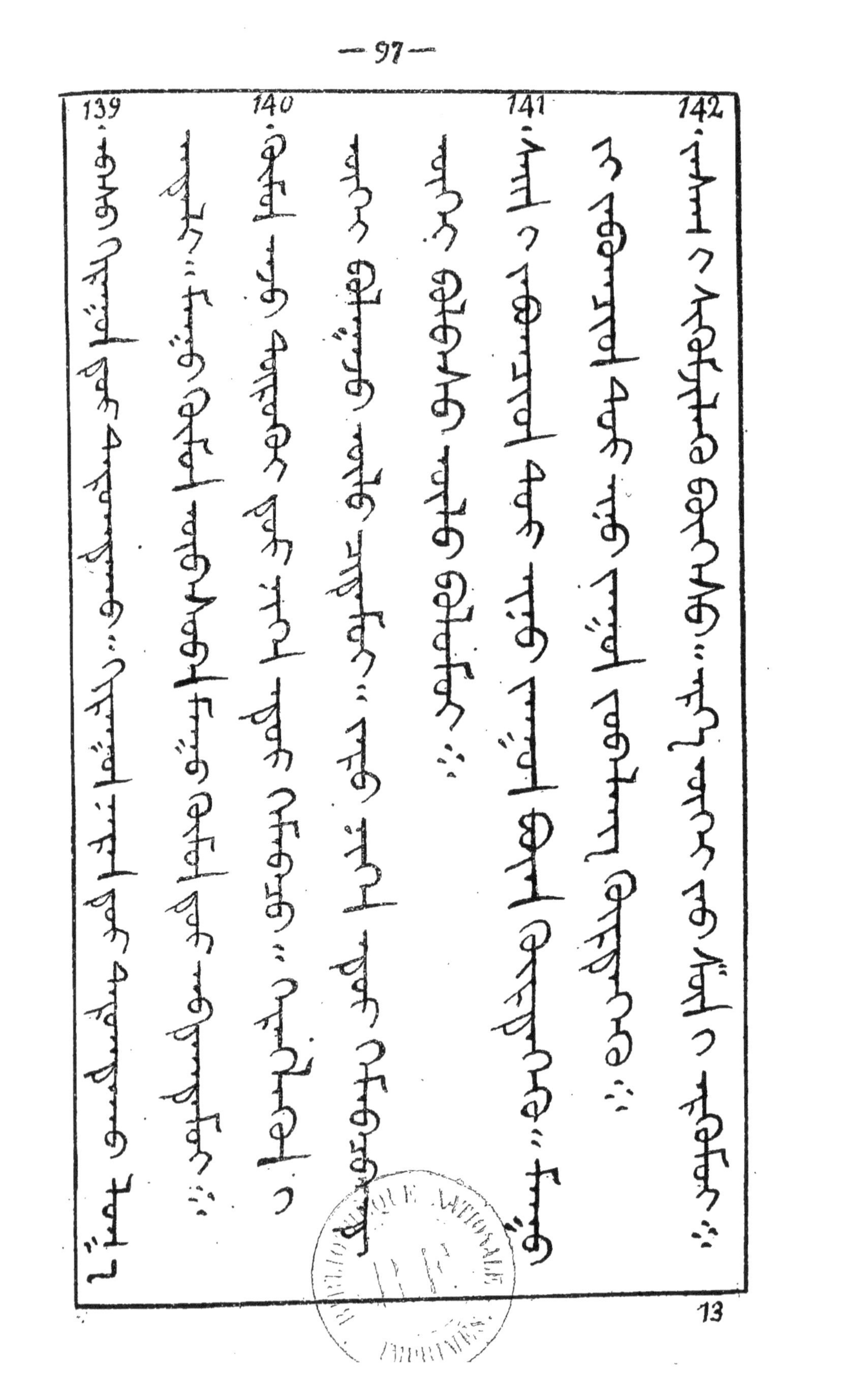

142 [illegible]

141 [illegible]

140 [illegible]

139 [illegible]

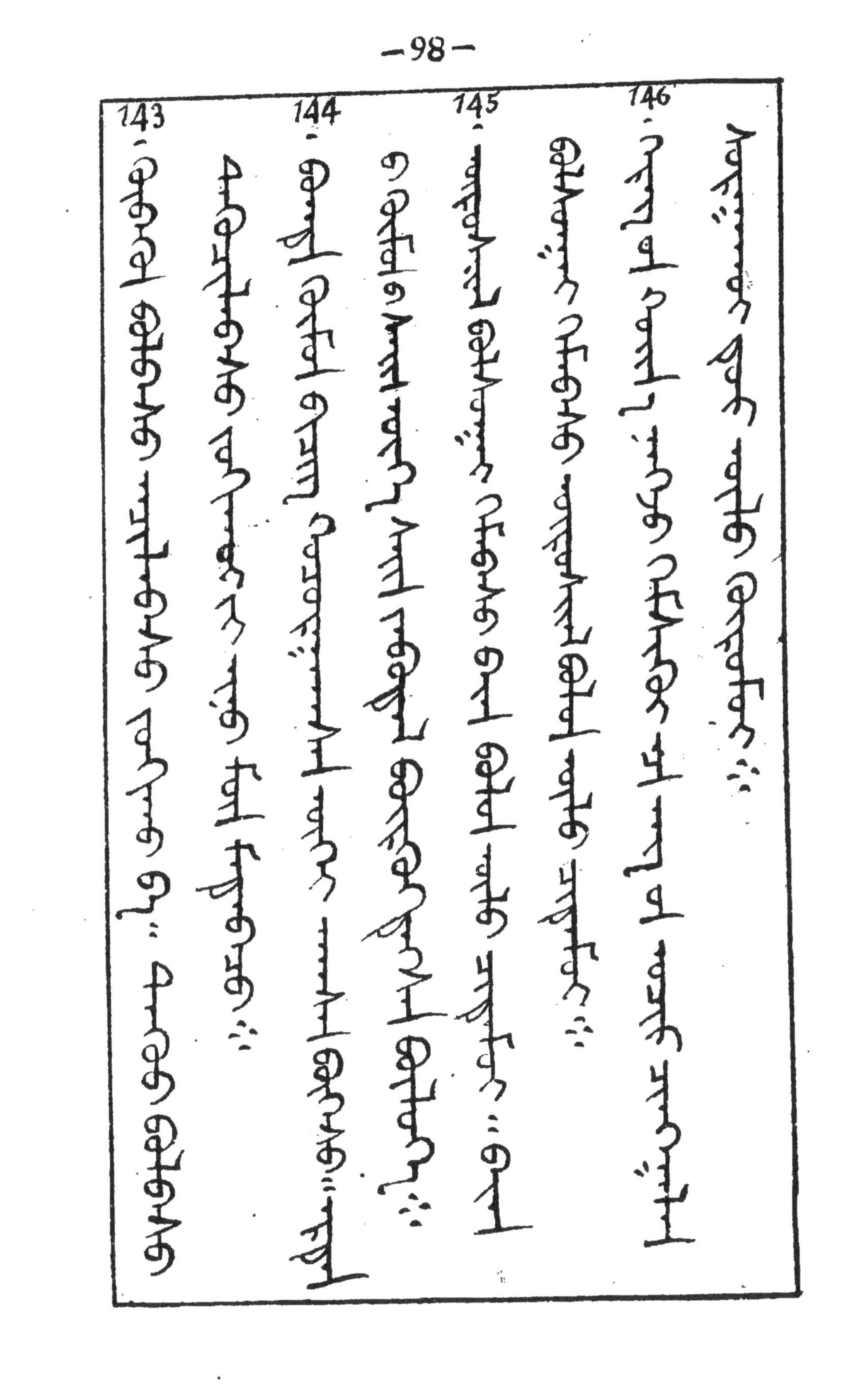

143 [illegible]

144 [illegible]

145 [illegible]

146 [illegible]

147

148

149

150

151

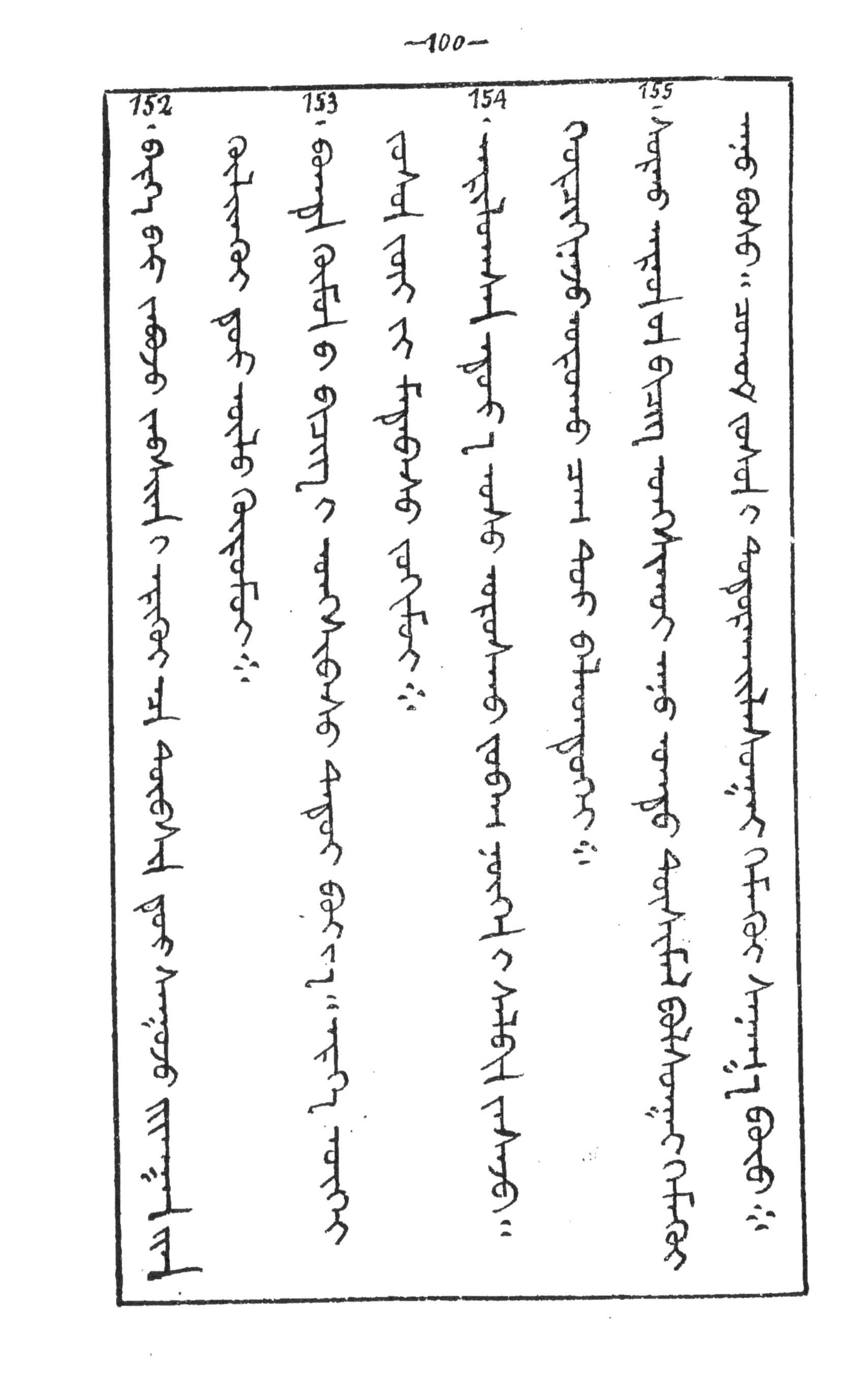

152

153

154

155

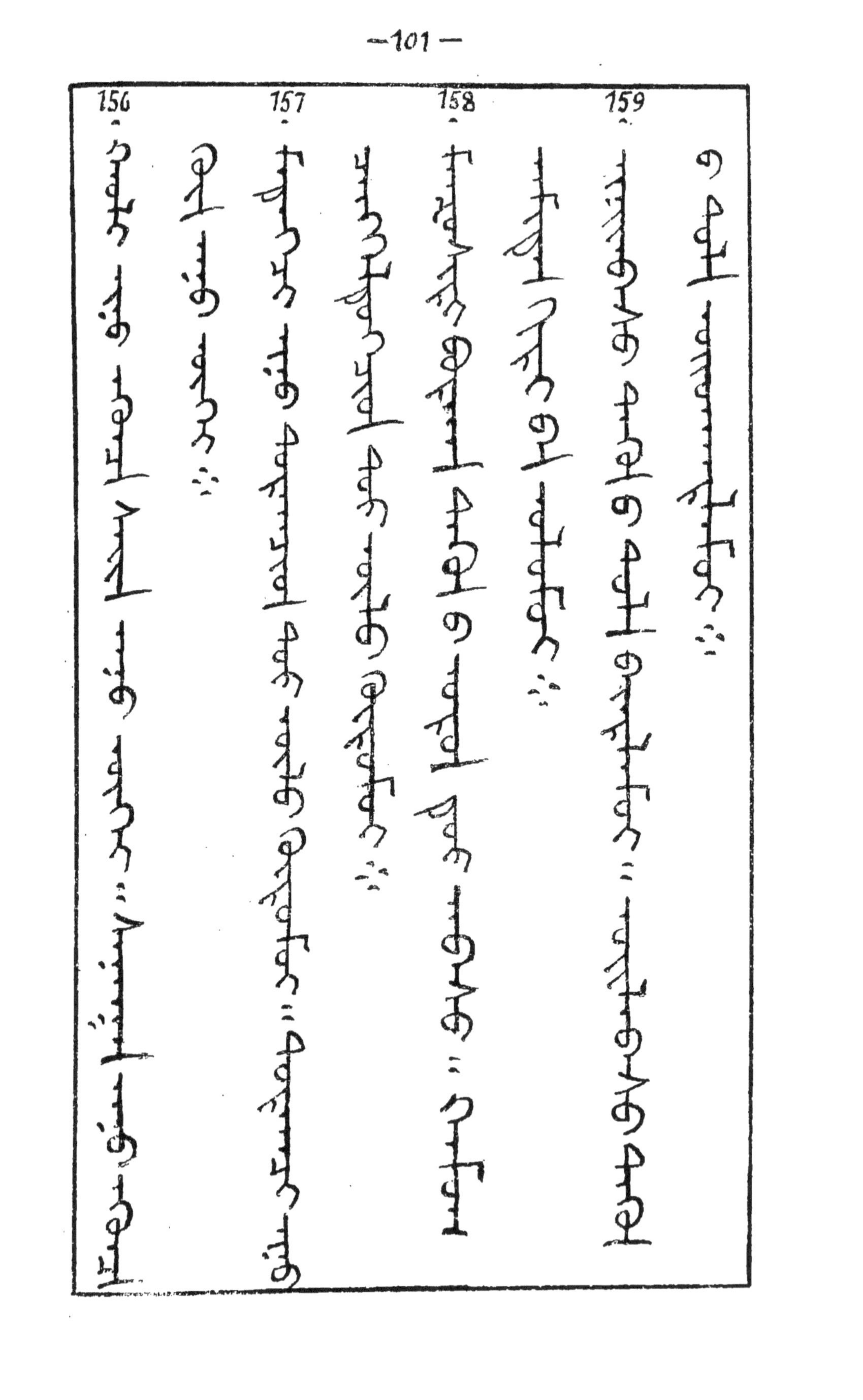

156 [illegible]

157 [illegible]

158 [illegible]

159 [illegible]

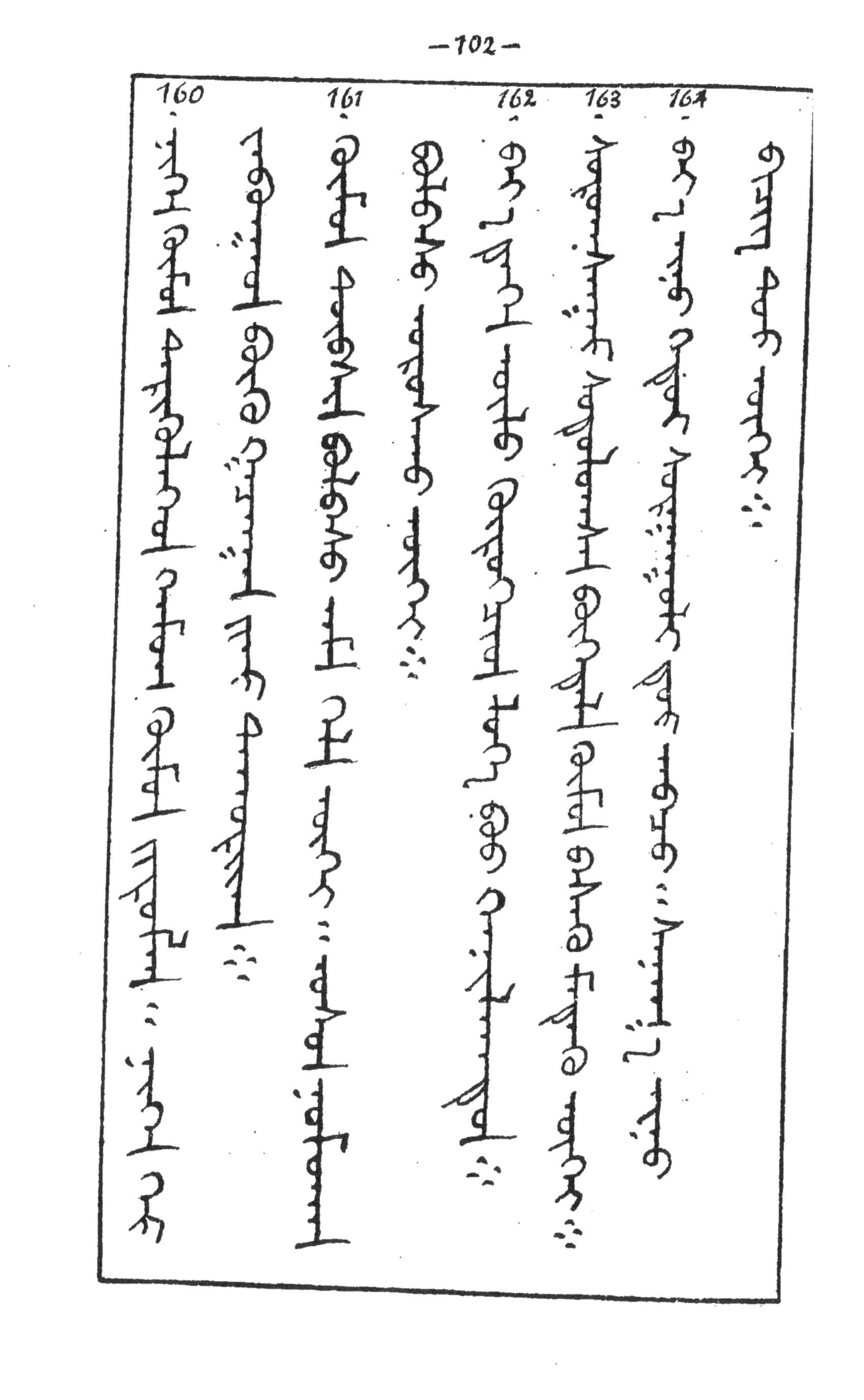

160 [illegible]

161 [illegible]

162 [illegible]

163 [illegible]

164 [illegible]

[illegible]

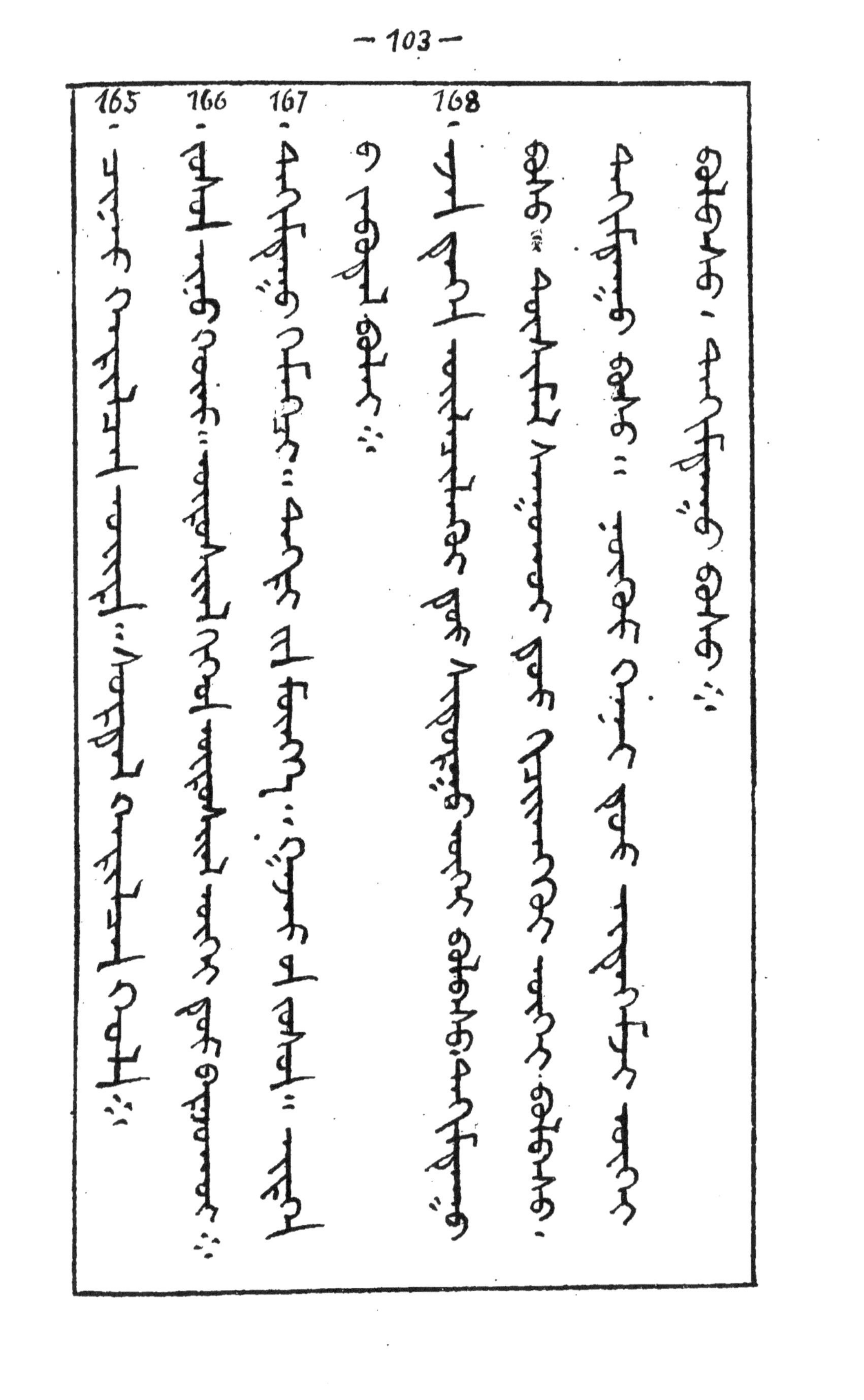

165 [illegible]

166 [illegible]

167 [illegible]

[illegible]

168 [illegible]

[illegible]

[illegible]

[illegible]

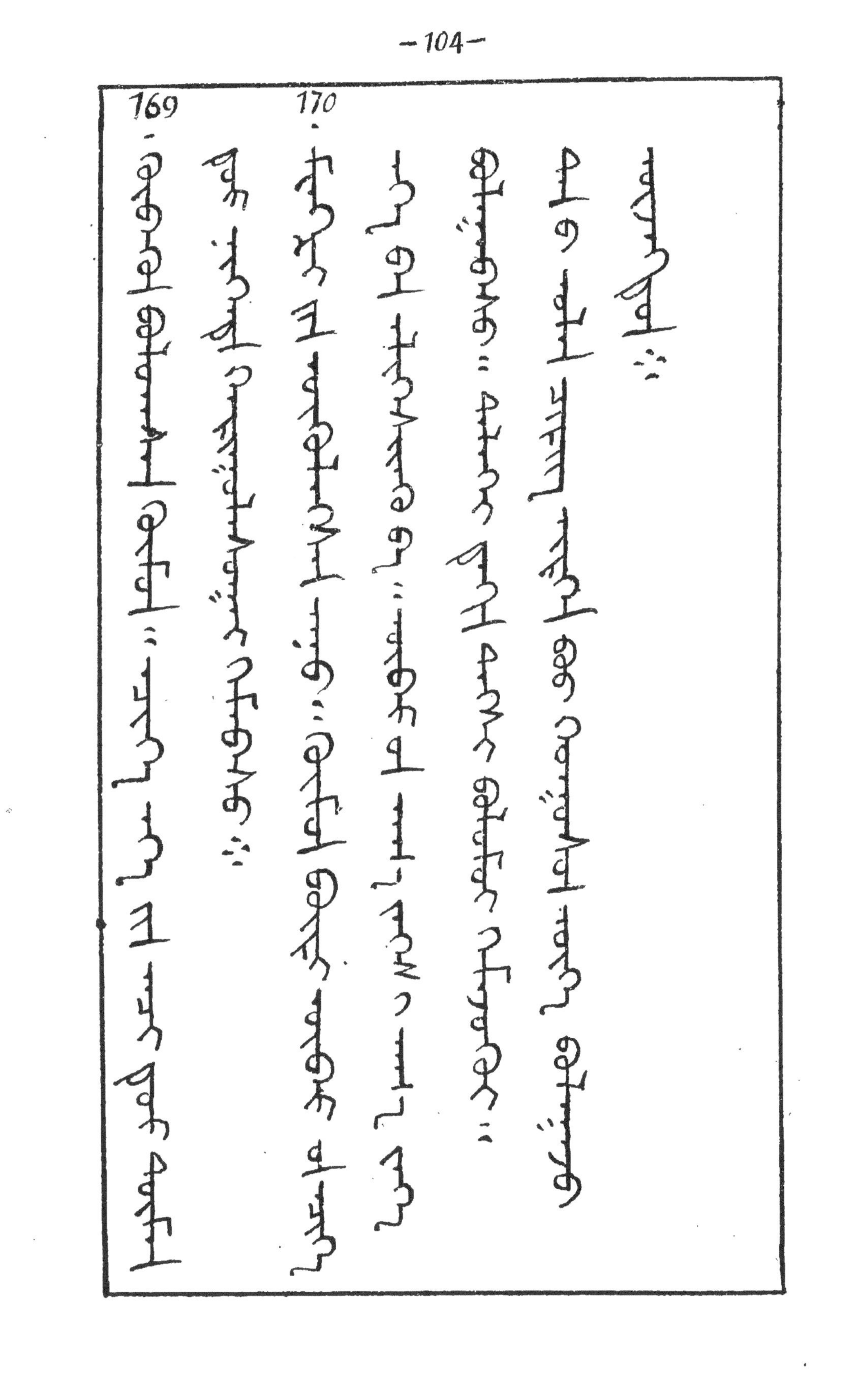

169 [illegible]

[illegible]

170 [illegible]

[illegible]

[illegible]

[illegible]

[illegible]

TRADUCTION FRANÇAISE

ET

PRONONCIATION FIGURÉE

DU

TEXTE MONGOL

1

Edur buri nigen uge tchegedjilen toktagha.

Chaque jour apprends un mot par cœur.

2

Kumun bologhat ese sourbasou kharangghoui suni yabokhoui dour adali.

L'homme qui, pendant sa vie, n'étudie pas, est semblable à celui qui marche dans une nuit obscure.

3

Kerber tchinou ulu medeku uge boui abasou tchi asagho.

S'il est un mot que tu ne sais pas, demande-le?

4

Bouyan nigul oun atchi ure seguder metu daghamoui.

La rémunération suit, comme une ombre, les bonnes et les mauvaises œuvres.

5

Tenek kumun sourkhoui youghan itcheguri kememu.

C'est l'homme sot qui a honte d'apprendre.

6

Khaghormak arghas oun erke ber Bourkhan ou khoutouk i ker olkhou.

Au moyen d'artifices et de mensonges. comment acquérir la sainteté de Bouddha?

7

Bayan tchak tour khamouk yier amarak. ed i barabason khamouk yier daisoun boui.

Au temps prospère, on est ami avec tout le monde; lorsque les richesses sont dissipées. on devient ennemi de tous.

8

Edjen ou djarlik i bou daba.

Ne transgresse pas l'ordre du prince.

9

Managhar a ukubetchu erdem bilik souroukton

Bien que vous puissiez mourir demain, apprenez la sagesse.

10

Etchige eke yin atchi undur tegri luge adali kidjaghalachi ugei.

Les bienfaits des parents sont aussi illimités que l'étendue du ciel.

11

Niduten sokhor tou mur i udjegulun tchidayo.

Ceux qui voient clair peuvent montrer le chemin à un aveugle.

12

Uber yugen udjekui dour nigen toli kerektei.

Pour se voir soi-même, il faut un miroir.

13

Khanoltai setgil inou olan ed aghorasoun etche ulemdji degere.

Celui qui a l'esprit satisfait est supérieur à celui qui a beaucoup de richesses.

14

Unen uges dour yien kuruksen kumun ou setgil beki.

La fermeté d'esprit d'un homme se montre par la sincérité de ses paroles.

15

Khormoi yin ourtou kul ouriyakhou. kele yin ourtou tologhai ouriyakhou.

Une robe trop longue entortille les jambes; une langue trop longue embrouille la tête.

16

Khamouk muret dalai dotora ıchitkhomoui.

Toutes les rivières se versent dans la mer.

17

Khamouk tchak tour djirghaghoulkhou masi berke bouyou.

Se réjouir en tout temps est très difficile.

18

Nere ban khoughourakhou yin oron tou yasoun yien khoughour.

Brise-toi les os plutôt que de nuire à ta réputation.

19

Khas i tchoghoulbourilakhou ugei bolbasou. saba bolon butuku ugei.

Si tu ne tailles pas le jaspe, il ne pourra devenir un vase.

20

Eme kumun ou aman inou maghoui uge yin egur bouyou.

La bouche d'une femme est un nid de mauvaises paroles.

21

Utchugen yabodal dour kemebesu oumtoughaidakhou ugei.

On ne doit pas être négligent même dans les petites affaires.

22

Maghou kumun ou ger tour bou oro. tousa ugei bou djoba.

N'entre pas dans la maison du méchant. Ne te chagrine pas sans utilité.

23

Ghal louga oiratobasou khalakhou, kholatabosou ulu bulitku.

Si tu t'approches du feu, tu te brûleras; si tu t'en éloignes, tu ne réchaufferas pas.

24

Khan etchige yin eserku uguleku turu ugei.

On ne doit contredire ni son père ni son roi.

25

Arsalan anou tchisoun dour udjugurgekui dour gul inou ulu kuldemu.

Le lion, en marchant sur la neige, ne se gèlera pas les pieds.

26

Olan kumun ebderebesu ubere kumun ou oldja bolon gele.

Si les hommes se querellent entre eux, ils deviendront la proie des étrangers.

27

Yeru turuku ba ukuku anou khamouk bugude dour boui.

En général, naître et mourir, est le sort de tous.

28

Araki oughoubasou uge olana ugelemui.

Lorsqu'on boit du vin on devient bavard.

29

Ghanggha muren ousoun inou amta saitou atala. dalai dour kurtchu tchitkhoubasou dabousoutou bolomoui.

Bien que les eaux du fleuve du Gange aient un bon goût, elles deviennent salées lorsqu'en arrivant elles se versent dans la mer.

30

Ontcha ghaktcha khoudal uge uguleksen kumun inou. unen uge kelebetchu sedjik setgil turumui.

L'homme qui a dit une fois une fausse parole, quoiqu'il dise une parole vraie, le doute naîtra dans l'esprit.

31

Eme kumun ou djilogha anou okhor. sanagha inou tchikhoul bouyou.

Les femmes ont les rênes courtes et l'esprit étroit.

32

Tchilaghon i tulibetchu khailkhou ulu boloyou.

Quoique tu brûles une pierre, tu ne pourras pas la fondre.

33

Sain kurungge satchoubasou. ure inou yeke arbitchaltai bolkhou.

Si tu sèmes de bonnes graines, les fruits seront très abondants.

34

Keter maghou kumun uber bousout i ber djobagham.

Un méchant homme tourmente les autres et lui-même.

35

Ai djalaghous bou usu tchaiksan utegus i eleglektun.

Oh! jeunes gens! ne raillez pas les vieillards aux cheveux blancs.

36

Khamouk eguteksen bugude inou ebderel oun nom tou mun boui.

Toute chose qui a été créée est soumise à la loi de la destruction.

37

Saba tchou ebdereget souya tchou askharan gharkhou.

D'un pot cassé le lait s'écoulera.

38

Ireksen geitchin kharikhou. oroksan boroghan arilkhou.

Les convives qui sont venus retourneront chez eux. La pluie qui est venue aussi disparaîtra.

39

Khari kumun khari tou baktakhou ugei. khandaghai tchimugen toghon tou baktakhou ugei.

Un étranger ne peut pas s'accorder avec un autre étranger, comme un fémur d'élan ne peut pas entrer dans une marmite.

40

Ukukui tchak tour nom etche bousou ken ber tchou ulu tousalakhou dji setgiku.

Au moment de la mort, ne pense à avoir secours de quiconque. excepté de la religion.

41

Tchiki dji daroudjou khongkho dji khoulaghokhou.

Pour voler la clochette, il se bouche les oreilles.

42

Djighasoutchin idegen ou amtan yier khaghortchou djighasoun i alamoui.

Le pècheur tue le poisson en le trompant par l'appât de la nourriture.

43

Bou ekin dour kitchiyeget adak tour djalkhaghourakton.

Ne faites pas le paresseux à la fin, ayant eu du zèle au commencement.

44

Nigen ger tour nairamdaghou bolbasou. nigen olos nairamdal dour kugdjimui.

Quand une seule maison est pacifique, la paix se répand parmi le peuple.

45

Bagha etche tchouglaraghoulon tchoktchalaksaghar undur yeke bolomoui.

En accumulant de petites choses, on arrive à former ce qui est haut et grand.

46

Amtaikhan kurungge etche ure inou amtaikhan ourghoukhou boloyou.

Les fruits produits par de bonnes semences seront bons.

47

Seguder etche ubere nukur ugei. segul etche ubere tchatchouk ugei.

Il n'a pas d'autre ami que son ombre. Il n'a pas d'autre houppe que sa queue.

48

Nigultu nukut tour chitubesu. nigultu uiles nemen arbitomoui.

Si tu te lies avec de mauvais amis, les mauvaises actions s'augmenteront.

49

Morin ou mur i eldjige tasoulomoui.

L'âne efface les pas du cheval.

50

Ghadjigho dour bou kuruguluktun. oughoukhou idekui dour erke ugei nair talbikton.

Ne vous livrez pas à la débauche. Soyez modéré et sans excès pour le boire et le manger.

51

Nokhai lougha chidartabasou yara lougha chidar boui.

Si tu t'approches du chien, tu seras tout près de la morsure.

52

Ousou udjel ugei ghoutoul tailba.

Sans avoir vu la rivière, il a déjà ôté ses bottes.

53

Khas tchilaghon dour arisoun ugei, khadan temur tour dourousoun ugei.

Il n'y a pas de gangue au jaspe ; il n'y pas de rouille au fer poli.

54

Olanta sonostchou sedjiglekui dji uledegektun.

Quoique tu écoutes beaucoup, laisse un moment pour le doute.

55

Boukha yin khoyar tologhai nigen toghon dour baktakhou ugei.

Deux têtes de bœufs ne peuvent trouver place dans une marmite.

56

Aksoum mori amour ugei, aliya kumun djirghal ugei.

Le cheval fougueux n'a pas de repos. L'homme inconstant n'a pas de bonheur.

57

Nom aman dour boui buget djiruken e ugei.

Il a la doctrine dans la bouche, mais non dans le cœur.

58

Balai anou balai ban kutulun ulu tchidamoui.

Celui qui est aveugle ne peut pas conduire un autre aveugle.

59

Albatou olos oldakhou. akha degou ulu oldakhou.

On peut acquérir des esclaves, on ne peut pas acquérir des frères.

60

Saran kirteku dour nokhai tou mori ounouba.

Quand la lune est brouillée. avec un chien tu peux monter à cheval.

61

Erdeni anou kunggen bolbasou ber yeke unetu bouyou.

Les pierres précieuses, quoique légères, sont d'un grand prix.

62

Onggotcha ugei bolbasou. ghatoldjou arghana ugei.

Si l'on est sans bateau, comment traverser la rivière.

63

Uber oun tousa dji dotoglaktchi khamigha sain bolkhou.

En quel lieu est-il heureux celui qui ne s'occupe que de lui-même?

64

Bousout oun sanaghan i toli dotoraki dursu metu ilergeye ailatomoui.

Il voit clairement la pensée des autres comme la figure dans un miroir.

65

Ghalaghon i daghouriyadjou keriye ousoun dour orodjou ukube.

Le corbeau, en voulant imiter le canard, s'est noyé en entrant dans l'eau.

66

Unen uge ber turu barikhou, uker terge ber taolai dji guitcheku.

Avec la vérité tu pourras gouverner l'État, de même qu'avec un chariot à bœufs tu peux atteindre un lièvre.

67

Khora ousoun ou tchak tour ulu orogholon touranghai boloyou.

S'il ne tombe pas d'eau dans la saison des pluies, il y aura des calamités.

68

Umugireksen kurungge etche naildjagher ulu turuyu.

Il ne naîtra pas de rejeton d'une semence pourrie.

69

Uneger arsalan ou daghoun i daghouriskhan ulu tchidakhou.

Le renard ne peut pas répandre le mugissement du lion.

70

Kubegun bolbasou atchilal dour toktanimoui.

Le fils doit fixer ses pensées dans la piété filiale.

71

Yabobasou saghokhou douratai. saghobasou yabokhou douratai.

Quand il faut marcher, il aime à s'asseoir. quand il faut s'asseoir, il aime à marcher.

72

Uber i sain kumun kemedju eremchiktchin luge bou nukutche.

Ne fais pas de liaison avec l'orgueilleux, quoique il se vante d'être bon.

73

Aldar nere salgin metu telgeredju gharomoui.

La bonne réputation se répand comme le vent.

74

Moungkhak ot i keregledju touchiyal i ukbesu. kerek ebdeyu.

Si tu présentes une commission en te servant des sots, ils te perdront l'affaire.

75

Uber oun sain setgil etche ubere bousout oun uges oun khoma bou dagha.

Ne te soumets pas aux paroles des autres. N'écoute que ta propre conscience.

76

Kitoughan ou ir tou khaldaksan bal i keleber dolijaksan jier keleben oktalajro.

Tu te couperas la langue en léchant avec ta langue le miel collé sur la pointe du couteau.

77

Ghaltou khorokhai jin gerel naran saran lougha tengseku ulu bolomoui.

On ne peut comparer la lumière du ver luisant ni au soleil ni à la lune.

78

Kumun ou ghar jier moghai barimoui.

Il prend les serpents avec les mains des autres.

79

Eduge djobabasou ber. etchus tcur djirghamoui dja.

Bien que tu souffres à présent, sans doute à la fin tu te réjouiras.

80

Bal baribasou khouroughou delijakhou.

Quand on a pris le miel, on se lèche les doigts.

81

Tchoghorkhoui saba dour yaghoun i kibetchu yeru ulu toktakhou.

Quoique ce soit que tu verses dans un vase troué, il ne restera rien.

82

Chibxghon uber i baktakhou nugen i olomoui.

L'oiseau trouve lui-même le trou pour s'abriter.

83

Ere kumun gerte turun kegere ukum.

L'homme naît à la maison et meurt au désert.

84

Degedus tour djikchiksen i inou dooratous i bou djaroukton.

Ce qui est abhorré dans les supérieurs, ne le faites pas à vos inférieurs.

85

Eme kumun boghol oun uge dji bou dagha.

Ne t'assujétis pas aux paroles des esclaves et des femmes.

86

Tousa kigct khoor i bou chindjile.

En faisant le bien, n'examine pas le mal.

87

Beye degen kurgeku doura ugei dji basa tchou kumun dour bou kurtegektun.

Ne faites pas aux hommes ce que vous ne désirez pas qu'il arrive à vous-même.

88

Uber oun kuseku ali bugesu teguni bousout tour tchou butugeku mun boui.

Que la même chose soit faite aux autres que tu peux désirer être faite pour toi-même.

89

Ousoun dour abtaksan anou. ousoun dour abtaksan i gharghadjou ulu tchidakhou.

Celui qui est emporté par les eaux ne peut pas sauver celui que les eaux emportent.

90

Turuge edui kubegun dour temur ulugei djasamoui.

Il prépare un berceau de fer pour le fils qui n'est pas encore né.

91

Khourtcha mese ber deletbesu teguni ulu daghakhou boloyou,

Si tu frappes de la pointe de l'épée, elle ne pourra pas résister.

92

Djigur ugei chibaghon oktarghoui dour degden ulu tchidamoui.

L'oiseau, sans ailes, ne peut pas s'envoler dans les airs.

93

Minou uge dji sonos. minou uiletku dji bou uilet.

Écoute mes paroles, mais ne fais pas mes actions.

94

Khok luge nugutchebesu noghoghan turgen ourghoukhou.

Si tu fumes la terre, la verdure poussera aussitôt.

95

Kelen ou uguel khada yin daghouriyan lougha adali durituyu.

Les mots de la langue se présentent comme l'écho au milieu des rochers.

96

Ghaltou khorokhai yin gerel yier yeke kharangghos i geikulkui dji bou setgi.

Ne pense pas éclairer les vastes ténèbres avec la lumière du ver-luisant.

97

Khara ger tegen khan. boro ger tegen bochokhou.

L'officier dans sa tente, l'empereur dans la sienne.

98

Yeke ugulekui ber yekede emgugdeku.

Les paroles hautaines ne se digèrent pas facilement.

99

Manglai arat uber yier gem i adjik'am. maghoui arat bousout etche gem i erin setkimui.

Ceux qui sont vertueux remarquent leurs propres défauts. Ceux qui sont méchants pensent à rechercher les défauts des autres.

100

Ousoun masi tongghalak bolbasou djighasoun ugei bolomoui. kumun masi kinamaghai bolbasou nukur ugei bolomou.

Quand l'eau est trop claire, il n'y a pas de poissons. Quand l'homme est trop exigeant, il n'a pas d'amis.

101

Eduge yin erdeni dji degerme kholaghai boliyamoui. ergin achida yin erdeni dji boliyakhou ugei.

Les voleurs et les brigands pillent les trésors d'ici-bas. Ils ne pillent pas les trésors de l'éternité suprême.

102

Oukhaghatai buget sourkhoui dour douratai anou dooratous etche asaghokhoui ban itchiku ugei.

Le sage est celui qui est désireux d'apprendre, et ne rougit pas de s'informer auprès des inférieurs.

103

Mergen kumun tubchin soumoun yier kharbouroun ali tchiglen onilaksan tegun yier tosomoui.

Un homme habile, en lançant une flèche droite, atteint toujours le but de son arc.

104

Naran saran nigen djuk tour toktal ugei durben tib i ergimui.

Le soleil et la lune, sans interruption dans le monde, font le tour des quatre dwipas.

105

Buliksen sun etche tosoun ou tchutchugei gharomoui.

Du lait battu produira du beurre.

106

Chidjir altan kedui kertchin chitaghakhou bolbatchou. mun ku tere ungge inou ebdereku ugei boui.

Quoique tu coupes ou brûles de l'or pur, tu n'en pourras pas détruire la couleur.

107

Arghalabasou arsalan buke dji toktaghakhou. kutchulebesu kudjugun dour ourgha aldakhou.

Si tu emploies la ruse, tu atteindras la force du lion. Si tu emploies la force, tu échapperas à la corde au cou.

108

Olan kumun nigen oyon neileltchebesu. kutchun mekus bugesu ber yeke kerek butugem.

Si plusieurs hommes réunissent une même volonté, ils accompliront de grandes choses, bien qu'ils soient faibles.

109

Manglai arat kedui kharchilabasou ber tousalam.

Les gens d'esprit, bien qu'ils se disputent, rendent service.

110

Omok oun ghorbi dour erdem oun ousoun ulu toktayo.

Au sommet de l'orgueil, l'eau de la vertu ne reste pas.

111

Khaghan ou sakikhou anou albatou irgen buluge. albatou irgen ou sakikhou anou khaghan ou tchaghadja buluge.

C'est le peuple qui sert à protéger le roi; ce sont les lois du roi qui servent à protéger le peuple.

112

Bousou yara mergen emtchi djasabasou anamoui. maghou uge yin yara inou okta ulu butumui.

Toute blessure, traitée par un habile médecin, se guérit; mais la blessure d'une mauvaise parole ne se répare jamais.

113

Bitchik uber oun ese daghoudaksan anou ugei. bitchikui dji bergechiyel ugeguye turgen e sourbai.

Il n'y a pas de livre qu'il n'ait étudié. Il a bientôt appris, et sans difficulté, à écrire.

114

Ghar tour oroksan i yakin oughourkhou.

Comment rejeter ce qui est tombé entre les mains.

115

Tegun ou gem erdem i saitour adjiklakhou kerektei.

On doit observer complètement ses mérites et ses défauts.

116

Merget inou bilik yier sagigholsoun kibesu. daisoun olan bolbasou ber khamighaki daildamoui.

Si les sages se font sentinelles avec prudence, quoique tous soient ennemis, comment se feront-ils la guerre?

117

Khabtaghai tchoutchal ghal oun daroumta. khadam ugei keuken ger oun daroumta.

Un brandon plat est un poids pour le feu. Une fille sans fiancé est un fardeau pour la famille.

118

Amin achik ebesun ou chiguderi luge adali.

La fortune est pour la vie ce que la rosée est pour l'herbe.

119

Sanaksan aghola dour gurugesun ugei. itegeksen kubegun dour oukhaghan ugei.

Sur la montagne choisie, il n'y a pas de bêtes sauvages, et le fils sur lequel on compte n'a souvent pas d'esprit.

120

Amakta sain uile dji uilet. kharigholal i bou asagho.

Accomplis seulement de bonnes actions, n'en demande pas la récompense.

121

Bayan kumun omok. baghator kumun bardam.

Les riches ont de l'orgueil, les braves de la présomption.

122

Nigen bouyan ou kurungge satchoubasou. ure inou tchaklachi ugei gharomoui.

Si tu sèmes une seule graine de vertu, il en sortira une quantité de fruits.

123

Yeke tousa butugekui dour kulitchekui yeke kerektu boui.

Il est nécessaire d'avoir beaucoup de patience pour accomplir les choses grandes et utiles.

124

Ulusguleng kumun dour idegen ukbesu ele. khotala uglige yin dotoratcha manglai.

Si l'on donne la nourriture à l'homme qui a faim, c'est la plus grande de toutes les aumônes.

125

Ghal tulekdeksen kurungge etche kuke nabtchi khamigha gharkhou.

Comment produire des feuilles vertes avec des semences consumées par le feu.

126

Urguldjide khanitchakhou nukur anou chimnous oun ugin boui.

Une femme d'une conduite déréglée n'est qu'une fille des Chimnous.

127

Khoulousoun udjuk yier mongghol usuk i bitchi.

Écris les caractères mongols avec un roseau.

128

Ere kumun beye ban ed yier tchimeksen etche erdem yier tchimeksen degere boui.

L'homme a son corps plus orné par la vertu que par les richesses.

129

Kharangghoui mongghol oun ghadjar a chachin ou naran i ourghoughoulkhou kerektei.

Il faut accroître le soleil de la religion au pays des Mongols ignorants.

130

Kumun ou kerek i guitchetkeku bolbasou. daroi tegri yin bouyan i khouraghadjou bolomoui.

Si l'on accomplit les devoirs des hommes, on peut alors augmenter les bienfaits du ciel.

131

Khamouk oun djiruken ou dotora akhoui dji nebtergei e ailatoktchi.

Quel est celui qui connaît la profondeur de ce qui est dans le cœur de tout le monde.

132

Modon ou udjugur e chibaghon egur i djasamoui. tchinoa inou aghola yin kumugei toktanimoui.

L'oiseau fixe son nid sur la cime des arbres. Le loup établit sa demeure dans les cavernes des montagnes.

133

Bouyan uiletbesu degedu sain turul tour turuyu.

S'il fait des actes méritoires, il renaîtra dans une naissance plus élevée.

134

Maghou djang tou nokhai aksortçhou khoutchamoui.

Un mauvais chien aboie en mordant de rage.

135

Ghadjar anou khamouk bugude dji tedjiyen buku yin toulada khamouk amitan ou eke tchou boui.

La terre est aussi la mère de tous les êtres vivants, puisqu'elle les nourrit tous.

136

Kusekun anou bourtak khok metu bouyou.

Les passions sont comme des souillures.

137

Dooratous tour djikchiksen i degedus tour bou uiletchilektun.

Ne faites pas aux supérieurs ce qui est désagréable aux inférieurs.

138

Bayan etchige inou udjeskulengtu ugin yien bayan kumun etche bousout tour ulu ukkumui.

Un père riche ne donne pas sa jolie fille à tout autre qu'à un homme riche.

139

Ebesü kiraghoun dour darougdakhou. kiraghoun naran dour darougdakhou lougha adali. maghou kumun ubesuben maghou kumun dour abtagdamoui.

L'herbe est abattue par la gelée blanche. La gelée blanche est abattue par le soleil; de même, le méchant homme est lui-même renversé par le méchant.

140

Kumun adjou turukui dour nigen edur kemebetchu. kereglekun i ugei bolghadjou ulu tchidamoui. yeru nigen edur kemebetchu ed ugei bolbasou ulu bolomoui.

Puisqu'il est dit que l'homme ne peut vivre un jour sans besoins, il ne doit pas être un jour sans provisions.

141

Sain i yaboktchit tour inou djaghon bouyan kurtegeku. maghou dji yaboktchit tour inou djaghon djobalang kurtegeku.

A ceux qui agissent bien, il doit arriver cent bonheurs; à ceux qui agissent mal, il doit arriver cent malheurs.

142

Djasak i chigumdjileku bugesu. erke ugei yao chun i ergumui.

Lorsque l'on s'entretient du gouvernement, on admire certainement Yao et Chun.

143

Kubegun bolbasou atchilabasou djokikhou ba. degou bolbasou degutchilebesu djokikhoui dji inou mun medebetchu

Il faut penser que, comme fils, on doit le respect filial, et que, comme jeune frère, on doit la soumission fraternelle.

144

Bogda kumun bitchik khotchorghaksan ugei aksan bugesu. erten ou kumun ou sain uge sain yabodal burgukdeksen buluge.

Si les saints hommes ne nous avaient pas laissé des livres, les sages paroles et les bonnes actions des anciens auraient été perdues.

145

Uruchiyel bolsoghai kemebesu bayan bolon ulu tchidamoui. bayan bolsoghai kemebesu uruchiyel bolon ulu tchidamoui.

Parce qu'il est charitable, il ne peut pas devenir riche; parce qu'il est riche, il ne peut pas devenir charitable.

146

Kerek oun khoina nekedju gemchikui etche eng oun outchir tchinggalan sourghakhoui dour ulu kurumui.

Ne manque pas de profiter du moment propice, plutôt que d'avoir du regret à la suite d'une affaire.

147

Keleku utchikui dour erke ugei ebtei bolokton. saghokhou djoksokhoui dour erke ugei doora aktoun.

Dans vos paroles et dans vos réponses, soyez toujours décent; debout ou assis, soyez toujours humble.

148

Khonin ou mikha kedui amtan djokistai bolbasou ber. khamouk olos oun amtan dour kurkuye berke.

Bien que la viande de mouton soit d'une saveur convenable, elle est difficilement du goût de tout le monde.

149

Kumun ugekurebesu oyon inou okhor bolomoui. mori etchinggirebesu usun inou ourtou bolomoui.

L'intelligence de l'homme qui s'appauvrit devient courte ; les poils du cheval qui s'amaigrit deviennent longs.

150

Bayan dour yien itegedju ugegun i bou doorachiyakton.

En vous fiant sur vos richesses, n'humiliez pas le pauvre.

151

Erdemten sait erdem i sanaghan daghan agholomoui.

Les sages placent la vertu dans leur cœur.

152

Berke ber yabodjou djabchiyan i erikui etche tubchin dour saghodjou djiyaghan yien kuliyekui dour ulu kurumui.

Il vaut mieux subir sa destinée avec tranquillité que de chercher le profit en allant vers ce qui est difficile.

153

Bogda kümun ou bitchik i oungchibasou tedui boui dja. erke ugei yosoun djui dji medebesu djokimoui.

Puisque l'on veut lire les livres des saints, il faut connaître assurément les mœurs et les lois.

154

Ariloksan edur e ousou ourouskhou djoubak nugen i selbin djasadjou. khourtchikinadjou orokhou tchak tour beletdugei.

En réparant par un jour serein le chéneau qui sert à écouler l'eau, il pourra être prêt pour le temps de l'orage.

155

Sourkhou arat oun bitchik oungchikhoui anou okto tuchimel bolsoghai kemekui anou bousou. tchokhom yosoun i todorkhailasoghai kemekui sanagha bouyou.

Ceux qui étudient dans les livres, n'ont pas le désir d'être magistrats, mais leur pensée est pour éclairer la raison.

156

Khaoli inou eguntche sain anou ugei. sanaghan inou eguntche gun anou ugei.

Il n'est rien de préférable aux usages; il n'est rien de profond comme la pensée.

157

Medektchi inou douraktchit tour ulu kurumui. douraktchi inou tchenggelduktchit tour ulu kurumui.

Ceux qui connaissent (une chose) n'approchent pas de ceux qui la désirent; ceux qui désirent (une chose) n'approchent pas de ceux qui s'en réjouissent.

158

Mandjouchiri Bourkhan tegun ou oron dour abasou, khamouk amitan kiri ban olomoui.

Si Mandjouchiri Bouddha est dans ce monde, tous les êtres animés obtiendront le nécessaire.

159

Iniyebesu tegun ou toula bayarlamoui. ouilabasou tegun ou toula ouitkharlamoui.

S'il rit, à cause de lui, je me réjouis; s'il pleure, à cause de lui, je me chagrine.

160

Nigen kumun teriguleget khamouk kumun djiroumlan nigen ger yaboghat buku ghatchaghan yier daghouriyan.

Quand un homme commence, tous les hommes l'imitent; quand une famille fait une action, tous ceux du village en suivent l'exemple.

161

Kumun tubchin bolbasou ama kele ugei. ousoun nomokhan bolbasou ourouskhou ugei.

Si l'homme est d'esprit tranquille, il ne parle pas; si l'eau est dormante, elle ne coule pas.

162

Beye degen ulu kuruktchit luge bou khanilakton.

Ne faites pas amitié avec ceux qui ne s'accordent pas avec votre personne.

163

Sourouksaghar soudouloksan bugetele kumun basakou medeku ugei.

Quoiqu'il ait épuisé la science, l'homme encore ne sait rien.

164

Beye inou kedui sourghaghouli dour abatchou. sanagha inou bitchik tour ugei.

Quoique son corps soit à l'école, son esprit n'est pas dans les livres.

165

Tchinar khariltchan oira. sourtal khariltchan khola.

(Les hommes) par la nature sont rapprochés les uns des autres ; par l'instruction, ils sont mutuellement éloignés.

166

Yosoun inou khoyar. uruchiyel giget uruchiel ugei dour baradjokhoui.

Il n'y a eu que deux doctrines ; elles sont terminées par l'humanité et par l'inhumanité.

167

Takimdaghou kemektchi. tegri yin mungke. ghadjar oun yosoun. irgen ou yabodal bolai.

Ce qui est dit la piété filiale : c'est le principe immuable du ciel, la loi de la terre, la règle du peuple.

168

Edjen degen uiletchilekui dour chidorghou ugei bolbasou. takimdaghou bousou. tuchimel saghokhoui dour kitchiyenggui ugei bolbasou. takimdaghou bousou. nukur khani dour itegemdji ugei bolbasou. takimdaghou bousou.

Si l'on sert son prince sans droiture, cela est contraire à la piété filiale; si l'on est magistrat sans diligence, cela est contraire à la piété filiale; si l'on est ami sans sincérité, cela est contraire à la piété filiale.

169

Kubegun boloksan kumun. etchige eke yin atchi dour tumen dour nigente kharigholasoghai kemebesu.

Le fils, devenu homme, peut-il répondre une seule fois sur dix mille aux bienfaits de ses parents ?

170

Mengtze yin uguleksen anou. kumun buri uber oun etchige eke ban eligechiyeku ba. uber oun akha yekes i akha yeke bolghabasou. delekei dakin tekchi bolomoui kemedjukui. tan ou olan tchirik irgen bou khoghosoun uge balghadjou udjektun.

Il est dit par Mengtze : Si tous les hommes chérissent leurs parents et rendent hommage à leurs aînés, l'empire sera paisible. O vous tous, soldats et peuples, ne considérez pas ceci comme de vaines paroles.

REMARQUE

POUR

L'USAGE DES DEUX VOCABULAIRES

MANTCHOU ET MONGOL

Tous les mots contenus dans les deux textes mantchou et mongol sont pris d'après la prononciation figurée des caractères; seulement, ils ne sont pas classés selon l'ordre établi dans les dictionnaires originaux mantchou-mongol-chinois, mais selon l'ordre de notre alphabet.

J'ai cru devoir, pour qu'il y ait accord entre les deux vocabulaires, mettre les verbes mongols au même temps que les verbes mantchoux, c'est-à-dire au présent; en cela, j'ai suivi les dictionnaires originaux. Schimdt et Kowalewski, dans leurs dictionnaires mongols-européens, ont trouvé mieux de mettre les verbes à l'infinitif.

Quand le sens ne l'exigeait pas absolument, je me suis contenté de faire suivre les divers modes et temps des verbes, qui se trouvent indiqués dans les deux vocabulaires, des termes grammaticaux de : présent, impératif, futur, parfait, infinitif, gérondif, participe, conditionnel, négatif, interrogatif, etc., etc.

Bien que ces mots soient ordinairement sous la forme abréviative, je pense qu'ils seront suffisamment compris.

VOCABULAIRE

DES MOTS MANTCHOUX

D'APRÈS

LA PRONONCIATION FIGURÉE

A

abka, ciel.
abkai djoui, le Fils du Ciel, l'empereur.
abkai fedjergi, le dessous du ciel, le monde, l'empire.
absi, où? en quel lieu?
adarame, comment?
adali, semblable, pareil, comme.
adalingge, semblablement.
adou, vêtement, habits.
afambi, combattre.
afara, inf.
agambi, pleuvoir.
agara, inf., pluie.
ai, quoi? quel?
aibe, comment?
ainanbi, que faire?
ainara, fut.
ainakhai, comment?
aika, si.
aikabade, si.
aisembi, que dire?
aiseme, inf.
aisi, profit, richesses, biens.
aisin, or, métal.
akaboumbi, tourmenter, chagriner.
akdambi, avoir confiance, compter sur.
akdafi, gérondif passé.
akdoun, fort.
akha, serviteur, esclave.
akô, non, ne pas être, sans, manque.
akôngge akô, n'être pas sans être.
akôngge, ce qui n'est pas, qui n'a pas.
akôtchi, si cela n'est pas, sinon.
akô okho, mort, il est mort.
alambi, avertir.
aldangga, éloigné, à part.
aldjambi, quitter, se séparer.
aldjakha, parf.
alichambi, attrister, chagriner.
alin, montagne.
aliyambi, attendre, se repentir.
aliyara, inf.
aliyatchoun, repentir, regret.
alkhôdambi, prendre modèle.
alkhôdame, inf.
ama, père.
ama eme, père et mère, parents.
amaga, à l'avenir.
amaga inenggi, dans la suite.
amala, après, ensuite.
amasi, après.
amba, grand, haut, impérieux.
amba saisa, sage.
amban, ministre.
amboula, très, excessif.
amtan, goût, saveur.

amtangga, qui a du goût.
amouran, aimant, désireux.
amourangga, celui qui aime.
amtchambi, courir après, poursuivre.
amtchame, inf.
an, toujours, ordinaire, habituelle.
andande, l'espace d'un moment.
angga, bouche.
anggala, au lieu de, plutôt que.
anggemou, selle.
aniya, année.
antaka, cela est-il?
antakha, hôtes, étranger.
arambi, faire.
ararakô, présent nég.
aratchi, condit.
asikhan, jeune, jeune homme.
askhômbi, se retirer.
askhô, imp.
atchambi, réunir, falloir.
atchara, inf.
atchakha, part. passé.
atchaboumbi, plaire, être agréable.
atchaboure, inf. satisfaction.
atchabourengge, ce qui est agréable.

B

ba, lieu, chose, objet.
babe, le lieu, les choses.
babi, il y a lieu, il y a des choses.
batchi, du lieu, d'un point.
baili, bienfait, service.
baimbi, chercher, demander.
baire, inf.
bairakô, présent nég.
baiki, optat.
baita, affaire, action.
baitalambi, employer, faire usage.
baitala, imp.
baitalatchi, condit.
baitalan, ce qui est d'usage, besoins.
bakhambi, obtenir.
bakha, passé.
bakharahô, présent nég.
bakhatchi, condit.
bakhatchibe, conjonctif.
bakhafi, gérond. passé.
bakhanambi, deviner, apprécier.
bakhanarangge, ceux qui apprécient.
baktamboumbi, être contenu.
baktamboutchi, condit.
balai, faible, vicieux.
banin, nature.
bandjimbi, naître, vivre.
banjirengge, celui qui naît, ce qui est de naître.
baudjinambi, produire.
bao, maison, famille.
basoumbi, rire, se moquer.
basoure, fut.
batourou, brave.
batourougga, celui qui est brave.
bayan, riche.
bayambi, devenir riche.
bayakabi, parf.
bayafi, gérondif passé.
be, particule qui marque l'accusatif; après un verbe fait de celui-ci un substentif; nourriture d'oiseau, appât.
benembi, apporter, offrir.
benere, inf.
bederembi, retourner.

bedererakô, prés. nég.
belkhembi, préparer.
beye, corps, personne.
beyebe, lui-même, vous-même, soi-même, eux-mêmes.
beyede, à votre personne,
bi, je, moi, être, il est, il y a.
bimbi, être, avoir, posséder.
bime, inf., gérond., aussi, et.
bisire, inf., vivant, étant.
bikhe, parf.
bikhe bitchi, parf. condit.
bitchi, condit., si, si cela est.
bitchibe, quand, lorsque, bien que.
bifi, gérond. passé.
bisire de, vivant.
bisirele, quel qu'il soit.
bireme, en général.
bitkhe, livre.
biya, lune, mois.
bodombi, chercher, compter.
bodotchi, condit.
boikhon, terre.
boldjou, vagues, flots.
bolgo, pur.
botcho, couleur, volupté.
bouda, riz.
boudai bao, cuisine.
boukdambi, plier, courber.
boukdame, gérondif.
boumbi, donner.
boure, inf.
boukhe, parfait.
boutoui, caché, obscur, secret.
bourouboumbi, disparaître.
bouroubaukha, parfait.
boutchembi, mourir.
boutchere, inf.
boutchekhe, parf.
boutchetchibe, conjonctif.
bouya, vil, bas.
bouya niyalma, vulgaire, rustaud.
bouyembi, aimer.
bouyere, inf.
bouyerengge, celui qui aime.

CH

chakhòroun, froid.
charaka, blanchis.
chelembi, faire l'aumône.
cheleme, gérond.
Chûn, nom d'un célèbre empereur de la Chine, qui règna 2250 avant notre ère.
choun, soleil.
choungke, qui sait tout.

D

da, origine, principe.
datchi, du commencement, du fondement.
daboumbi, brûler.
dabourengge, ce qui est de brûler.
dabtambi, redoubler, réitérer.
dabtame, gérond.
dakhambi, suivre, se soumettre.
dakhatchi, condit.
dakhaboumbi, mettre d'accord.
dakhaskhôn, soumis, obéissant.
dakhôme, de nouveau.

daidambi, cacher.
daldarakô, prés. nég.
dalkhidambi, importuner, être sans retenue.
dalkhidatchi, condit.
damou, seulement.
dasan, gouvernement.
dasambi, diriger, gouverner, corriger.
dasarakô, prés. nég.
dasatambi, réparer, nettoyer.
dasata, imp.
de, particule du datif, dans, sur, au, envers, pour; avec le futur fait un gérondif.
deberen, petit des animaux.
dedoumbi, dormir.
dedourakô, présent négatif.
deidjiboumbi, faire brûler.
dele, être élevé, au sommet, par dessus.
deo, frère cadet.
deotchilembi, remplir les devoirs fraternels.
deotchiletchi, condit.
dergi, dessus, supérieur.
dergi edjen, maître supérieur, Dieu.
dergingge, supérieurs, ceux qui sont au-dessus.
deriboun, commencement.
dolo, intérieur, milieu, dans, ventre.
dolori, à part soi, en soi-même.
dondjimbi, entendre.
dondjirakô, présent nég.
dondjifi, gérondif passé.
doro, voie, doctrine, raison.
dorolon, rites, cérémonies.
dorolon i nomoun, le livre des rites; le liki.
dorgi, dans, parmi.
dosimbi, entrer.
dosika, parf.
doube, fin.
douka, porte.
doukhentele, jusqu'à la fin.
doulembi, passer.
doulekengge, ce qui est passé.
doulimba, milieu, au milieu.
dourimbi, ravir.
douritchi, condit.
douwali compagnon, associé.

DJ

dja, facile, facilement, facilité.
djabchan, avantage, profit
djabtchambi, se repentir, avoir des regrets.
djabtchatchi, condit.
djaboumbi, répondre.
djaboure, inf., réponse.
djaka, choses, affaires.
djakade, lorsque.
djalan, génération, siècle.
djalin, pour, à cause de.
djalingga, pervers, séducteur.
djaloundambi, remplir, atteindre.
djaloundarakô, présent nég.
djekou, nourriture.
djembi, manger.
djeme, inf.
djetere, inf.
djeterakôngge, qui ne mange pas.
djeterakôngge aki, ceux qui sont sans ne pas manger.
djekhe, passé.

djergi, rang, fois.
djergi.embi, se mettre au même rang, ressembler.
djergilere, inf.
djerkichembi, éblouir.
djetchoukhouri, danger.
djikha, argent, monnaie.
djimbi, venir.
djiderengge, ce qui est à venir.
djili, colère.
djilikhangga, constant, chaste, vertueux, sévère.
djiramin, profond, étendu.
djirgambi, être en repos.
djirgara, inf., repos.
djiyanggiyôn, général.
djobolon, malheur.
djobombi, s'affliger, être chagrin.
djoborakô, présent nég.
djobochombi, avoir du chagrin, de la peine.
djobochorakô, prés. nég.
djomboumbi, faire penser, faire ressouvenir.
djombourakô, présent nég.
djobotchoun, chagrin, peine.
djougôn, route, chemin.
djoui, fils. enfant.
djouse, pluriel.
djoulesi, en avant.
djoulgei, autrefois.
djourgan, justice.
djouwe, deux.

E

edjen, maître, prince.
edoun, vent.
efimbi, jouer.
efire, inf.
eigen, mari.
eikhen, âne.
ekhe, mauvais, mal.
eldembi, être clair, brillant,
eldeme, inf.
elekhoun, content, satisfait.
elkhe, tranquille, en repos.
elemangga, en plus, en outre.
eme, mère.
emgeri, une fois.
emgi, ensemble.
emou, un, égal, tout.
emoude, d'un côté, de l'autre.
emteli, seul, isolé.
endouringge, sage, saint.
entchou, différent.
entekheme, jamais, toujours.
erde, matin.
ere, ce, celui-ci.
erebe, lui, eux.
eretchi, plus que.
erdemou, vertu.
ergengge, ce qui est vivant, les êtres animés.
erin, temps, saison, moment.
etoukou, vêtements.
etoukou adou, vêtements.
etoukhoun, force, vigueur.
eyembi, couler.
eyere, inf.
eyerakô, présent nég.
eyekhe, parf.

F

fachchan, honneur.
fadjiran, mur.
fafoun, loi.
farkhôn, obscur.
fatambi, pincer, cueillir.
fatakha, part. passé.
fatchikiyachambi, s'emporter, s'irriter.
fatchoukhôn, trouble, désordre, troublé.
fe, ancien.
fedjergi, sous, dessous.
fedjergide, en bas.
fedjile, du côté bas, humble.
firoumbi, injurier, faire des injures.
firoume, gérond.
fiyelen, article, pièce, chapitre.
fokholon, court, faible.
fondjimbi, demander, interroger.
fondjire, inf.
fondjitchi, condit.
forgon, temps, saison.
foudarambi, se révolter, être rebelle
foudaraka, part passé.
foudasikhôn, rebelle, révolte.
foulgiyan, rouge.
foulou, abondant supérieur, plus, en excès.
fouloukan, un peu plus.
fouloun, émoluments, rétribution.
founiyekhe, poils, cheveux.
fountchembi, être de superflu, rester.
fountchekhe, parti.
fountchetele, jusqu'au superflu.
fousikhôn, vil, méprisable.
fousikhôchambi, humilier, mépriser.
fousikhôchara, fut.
Foutchikhi Bouddha.
Foutze, Confucius.

G

gachan, village.
gaiboumbi, se faire prendre.
ga'djarakô, ne pas prendre.
gala, bras.
galga, pur, serein.
gasambi, médire, haïr, être envieux.
gasara, inf.
gasarakongge, celui qui n'est pas envieux.
gasarangge, ce qui est de haïr.
gasatchoun, plainte, murmures.
gaskha, oiseau.
gebou, nom, renommée.
gelembi, craindre.
gelere, inf,
gelerakô, présent nég.
gelembime, conjonctif.
gelemboumbi, faire craindre, effrayer.
geli, encore, de nouveau, alors.
gemou, tout.
genembi, aller.
generakô, présent nég.
genekhe, parf.
genetchi, condit.
genefi, gérondif passé.
genggiyen, éclairé.
geren, tout, tout le monde, entier, multitude.
gese, comme.

getchen, bruine, gelée.
getoukelembi, s'informer exactement, approfondir.
getoukeleme, inf.
getoukeleki, optat.
getouken, clair.
gidachambi, opprimer.
ginggoulembi, honorer, respecter.
ginggoule, imp.
ginggoun, respect.
giroumbi, rougir, avoir honte, hésiter.
giroure, inf. honte.
girourakô, prés. nég.
giroutchoun, honte.
gisoun, langue, parole.
gisourembi, parler, dire.
gisourere, inf.
gisoureraké, présent nég.
gisouretchi, condit.
giyan, mœurs.
godjime, seulement, mais.
golmin, long, grand.
golombi, craindre.
golorakô, prés. nég.
goro, loin, éloigné, au loin, long.
gosin, charité, humanité.
gosingga, humain, charitable.
gosikhon, chagrin, affliction, affligé.
gosimbi, aimer.
gosire, inf., amitié, amour.
goidambi, durer, avoir duré.
goidatchi, cond.
gônin, pensée, esprit.
gônigan, pensée.
gônimbi, penser, réfléchir.
gôni, imp.
gônire, inf.
gônirakô, présent nég.
gônirengge, ce qui est pensé.
gônirakôngge, ce qui est de n'avoir pas pensé.
gônimbime, conjonctif.
gôwa, autre, les autres.
gôwaliyambi, s'altérer, se faner.
goubtchi, tout entier.
goukoumbi, mourir.
goung, mérite, soin.
gouroun, royaume, empire.
goutchou, ami.
goutchouse, pluriel.
goutchoulembi, se faire amitié.
goutchoule, imp.
goutchoulere, inf.
gouwembi, éviter, remettre.
gouwendembi, chanter.
gouwenderengge, ce qui est chanté.

I

i, particule qui indique le génitif, de, par, il, lui.
ini, de lui.
ibtenekhe, pourri.
idjiskhon, obeissant, complaisant, soumis
ikhan, bœuf.
iktamboumbi, amasser.
iktamboukha, parf.
iktamboutchi, condit.
ilambi, fleurir, s'épanouir.
ilara, inf.
ilarangge, ce qui est de fleurir.
ilan, trois.
ilbambi, maçonner.
ilbatchi, condit.
ilgaboumbi, faire une différence.
ilgabourakô, présent nég.

iletou, clairement, ouvertement.
ilkha, fleur.
ilimbi, être debout.
ilire, inf.
indakhon, chien.
indjembi, rire.
indjetchi, ćondit.
inenggi, jour.
inou, en vérité, véritablement, alors, encore.
irgen, peuple, gens.
irgeboun, vers.
irgeboun i nomoun, le livre des vers; le chi-king.
isiboumbi, parvenir, arriver, être fait.
isiboure, inf. fut.
isimbi, être suffisant, avoir assez.
isirakô, rien n'est comme, n'est-il pas mieux?
isirakôngge, ce qui ne suffit pas.
isinambi, arriver, atteindre.
isinatchibe. conjonctif.
isindjimbi, venir, arriver.
isindjikha, part.
iskhounde, l'un, l'autre, mutuellement.
itche, nouveau, récent,
itchi, lieu, où.

K

kadalambi, avoir soin.
kadalara, inf.
kai, particule finale, certes, véritablement.
kaoli, coutumes.
karoulambi, récompenser, reconnaître.
karoulame, inf.
karoulan, récompense, reconnaissance.
kemoun, mesure, règle.
kemouni, mais, de nouveau, ordinairement.
kidoumbi, désirer.
kidoure, inf. désir.
kimtchimbi, s'examiner, considérer.
kimtchi, imp.
ko, égout.
ko sangga, tuyau, gargouille.
kokiraboumbi, endommager, désoler, blesser.
kokirabourengge, ce qui blesse.
komso, peu, en petit nombre.
komsokon, un peu. très peu.
koumoun, musique.
koung-Foutze, Confucius.

KH

khafan, magistrat, mandarin.
khafoukiyambi, pénétrer.
khafoukiyame, inf.
khakha, homme.
khaksan, danger.
khalambi, changer.
khalarakô, prés. nég.
khaldaba, bassesse.
khalkhôn, chaleur.
khamimbi, sur le point d'arriver.
khamime, inf.
khantchi, proche.
khatchin, article.
khefeliyembi, renfermer, comporter.

khekhe, femme.
khendoumbi, dire
khendoume, inf.
khendoukhengge, il a été dit, ce qui a été dit.
khergen, lettres, syllabes, caractères d'écriture.
kheseboun, destin, sort.
khibtchan, épargne, retenu, réservé.
khidja, forge.
khir khir, murmurant, mécontent.
khiyan, parfums.
khiyang, nom d'un fleuve.
khiyase, boisseau.
khiyenakô, frivole, sans consistance.
khiyoochoungga, respectueux.
khiyoochoulambi, respecter ses parents.
khioochoulatchi, condit.
kholtombi, tromper.
kholtome, gérond.
khonin, mouton.
khonin deberen, agneau.
khono, encore.
khorimbi, enfermer.
khoriboumbi, être enfermé.
khoriboukha, participe passé
khoronggo, furieux, terrible.
khôdoun, vif, prompt.
khôlambi, lire, prononcer.
khôlame, inf.
khôlarangge, ce qui est de lire.
khólakha, part. passé.
khôlatchi, condit.
khólimboumbi, avoir des déceptions.
khôlimbourakô, prés. nég.
khôsoun, force, puissance.
khôtouri, bonheur.
khôwachan, bonze.
khôwachasa, pluriel.
khôwanggar seme, bruit d'orage.
khoukhoun, boue, fumier.
khoutou, diable, démon.
khouwekiyeboumbi, montrer le chemin, exhorter.
khouwekiyebourengge, celui qui exhorte.

L

labdou, beaucoup.
leolembi, parler.
leolembikhede, conjonctif.
ler ler, tranquille

M

mafa, aïeux.
makdambi, louanger.
makdame, gérond.
mamgiyambi, prodiguer, exagérer.
mamgiyara, inf.
manambi, déchirer.
manakha, participe passé.
mandjou, mantchou.
mandjousiri, nom d'un des futurs Bouddha.
mangga, difficile, difficilement.
manggi, après que.
mao, bois.
mederi, mer.
mekele, inutile, sans usage.
memerembi, s'opiniâtrer, s'obstiner.

mentoukhoun, imbécile, stupide.
mergen, sage, vertueux, sagesse.
mergengge, celui qui est sage.
minde, à moi.
minggan, mille.
miyalimbi, mesurer.
miyalitchi, condit.
miyao, temple.
miosikhon, pervers, faux.
mokhombi, épuiser, appauvrir.
mokhotchi, condit.
mokhotchibe, conjonct.
morin, cheval.
morilaboumbi, monter à cheval.
morilaboure, fut.
moudouri, dragon.
moudjilen, cœur, intention.
moudjin, volonté, pensée.
moukdembi, s'élever.
moukdefi, gérond. passé.
mouse, nous.
mousei, de nous, notre.
mouke, eau.
moutembi, pouvoir.
moutembio, présent interrog.
moutere, inf.
mouterakô, présent négat.
mouterengge akô, n'est pas celui qui peut.
mouten, arts.
mouteboumbi, s'efforcer, faire effort.
mouteboure, inf.
moutebourengge, ce qui est de faire effort.
mouwa, grossier.

N

na, terre.
naikhômbi, plier, s'abaisser.
nememe, d'un côté, au contraire.
netchin, en paix, tranquille.
netchindjimbi, venir attaquer, tourmenter.
ni, particule du génitif qui se place après les mots terminés par une consonne.
nicha, fortement.
nikan, chinois.
nikembi, s'appuyer.
nimakha, poisson.
ningge, ce qui, celui qui.
ninggoun, six.
niyal'na, homme.
niyaman, parents, alliés.
niyamalambi, respecter.
niyamalara, fut
nomkhon, simple, honnête.
nomoun, loi, traité, king (en chinois).
noungnembi, faire du mal.
noungnere, inf.
noure, vin.

O

oboumbi, faire, traiter.
oboume, inf.
obourengge, celui qui fait.
ombi, être, pouvoir, faire; les temps de ce verbe doivent être précédés du conditionnel.

ombio, présent interrog.
ome, inf.
oso, imp.
odjoro, futur.
odjorakô, on ne peut pas.
odjorongge, ce qui est possible, ce qui doit être.
odjorongge akô, ce qui ne se peut pas.
okho, parf.
okhode, si, quand, encore.
okhobi, parf.
otchi, si, alors, si ainsi.
otchina, imp. soyez.
otchibe, quoiqu'il soit.
oki, opt.
ombidere, être sans doute, ne peut-il pas être.
ombikai, pouvoir (c'est une forme finale).
otolo, pendant, jusqu'à.
omimbi, boire.
omi, imp.
omime, inf.
omirakô, présent nég.
onggolo, avant.
ontcho, grandeur.
orkho, herbe.

OU

oubaliyambi, changer.
oubaliyame, gérondif.
oubiyambi, haïr, mépriser, regretter.
oubiyame, inf.
oubiyara, inf.
oubiyarangge, ce qui est repoussé.
oubiyatchi, condit.
oudou, quoique, bien que, combien.
oudoudou, plusieurs, beaucoup, souvent.
oudjimbi, nourrir.
oudjire, inf.
oudjoui, en tête, premier.
oufarambi, se tromper, faire une faute.
oulembi, donner, présenter.
ouleboumbi, nourrír, offrir à manger.
oulebou, imp.
oulin, biens, richesses.
oulkhimbi, savoir, comprendre, connaître.
oulkhi, imp.
oulkhire, inf.
oulkhisou, savant.
oumai, entièrement.
oumai sarkô, qui ne sait rien, ignorant.
oume, non, ne pas.
ounde, pas encore.
ounenggi, parfait, sincère.
oungga, aînés.
ounggachambi, faire hommage.
ounggachara, fut.
ountoukhouri, vain, inutile.
oureboumbi, apprendre avec soin, s'accoutumer.
ourebou, imp.
oureboumbime, conjonct
ourgoundjembi, se réjouir.
oureu, cela est, oui,
ourou waka, dispute, contestations.
ourounakô, certainement, entièrement.
ourse, ceux qui.

ousatchouka, plaintif.
ousikhiboumbi, être mouillé, faire mouiller.
ousikhiboure, part. prés.
ousin, champ.
outkhai, alors, d'abord.
outchouri, occasion, circonstance.

S

saboumbi, voir.
saboure, inf.
sabourakô, présent nég.
saboukha, parf.
saboutchi, condit.
saichambi, donner des éloges, estimer, aimer.
saichame, inf.
saichara, inf.
saicharangge, ce qui est aimé.
saichatchi, condit.
sain, bon, bien.
sait, pluriel.
sakdambi, vieillir.
sakdaka, parf.
sambi, savoir, connaître.
same, inf.
sara, inf.
sarkô, présent nég.
sarangge, celui qui connaît, qui sait.
sakhakô, passé nég.
satchi, condit.
satchibe, conjonct.
sangga, trou, ouverture.
sarachambi, se divertir.
sargan, épouse.
se, âge.
sede, à l'âge.
sebjen, joie.
sebdjelembi, prendre du plaisir.
sebdjelerengge, ce qui fait joie.
sefou, maître.
sele, fer.
sembi, dire, désirer, se dire; ce verbe, après un autre terminé en ki, marque l'optatif.
seme, inf.
sere, inf.
serengge, ce qui se dit.
sekhe, parfait.
sekhebi, il est ainsi, il a été dit.
setchi, condit.
sembikhe, imparfait.
sere anggala, non-seulement.
seolen, souci, attention.
seolembi, réfléchir, penser mûrement.
seoletchi, condit.
si, tu, toi.
sidende, au moins.
sinagan, deuil.
singgeri, souris.
songko, trace, règle, d'après.
songkolombi, imiter.
songkolome, inf.
songgombi, pleurer.
songgotchi, condit.
souilatchoun, souffrance, douleur.
souilaboumbi, faire de la peine, corriger.
souilabourakô, prés. nég.
soulfa, être tranquille.
soumbi, expliquer.
soume, inf.
soundja, cinq.
soure, intelligent.
souwayan, jaune.

T

taitze, le fils de l'empereur.
tafoulambi, exhorter.
tafoulara, inf.
takambi, connaître.
takakha, parf.
takôraboumbi, employer, faire servir.
takôraboure, inf.
taksimbi, conserver, demeurer.
tanggô, cent.
targambi. éviter, défendre.
targa, imp.
tarimbi, labourer.
tarire, participe présent.
taskha, tigre.
tatchin, instruction.
tatchikô, école.
tatchimbi, apprendre.
tatchire, futur, inf.
tatchirakô, présent nég.
tatchirangge, ceux qui s'instruisent.
tatchikhai, savoir en excès.
tatchifi, gérondif passé.
tatchimbime, conjonct.
tatchiboumbi, enseigner, instruire
tatchiboume, inf.
tatchiboure, inf.
tatchibourakô, qui n'est pas instruit.
tatchiboutchi, condit.
te, à présent.
teboumbi, placer, planter.
tembi, être assis, s'asseoir.
tere, inf.
tefi, gérondif passé.
teile, seulement.
teile akô, non-seulement.
teisou, nécessaire.
teni, à présent, alors.
tere, ce, cet, celui.
terei, de lui, de cela.
tetendere, puisque.
tob, vrai, droit, juste.
tokhombi, enharnacher.
tokhorakô, présent nég.
toktoboumbi, déterminer, établir.
toktobourakô, présent nég.
tome, tout, chaque.
tondo, fidèle, juste.
toodambi, rendre, restituer.
toodame, gérond.
toodaboumbi, faire rendre.
toodabou, imp.
tosombi, préparer.
tosotchi, condit.
touchambi, porter le deuil.
touchafi, gérondif passé.
toukiyembi, louer, faire l'éloge.
toukhen, conclusion, achèvement.
toukheboumbi, faire tomber, jeter bas.
toukheboure, inf.
toumen, dix mille, tout.
tourga, maigre.
touroulambi, commencer.
touroulafi, gérondif passé.
tousa, avantage, profit.
toutaboumbi, laisser, abandonner.
toutaboukhakô, passé nég.
toutchimbi, sortir, traverser.
toutchirakô, présent nég.
touwa, feu.
touwambi, voir, examiner, deviner, observer.
touwambini, optatif.
touwatchi, condit.
touweri, hiver.

TCH

tchi, particule de l'ablatif, sert à indiquer le comparatif; plus que.
tchikhakô, n'avoir pas le désir.
tchikhakôngge, ce qui n'est pas désiré.
tchiktan, devoir.
tchira, forme, apparence.
tchiralambi, s'informer, profiter.
tchiralame, inf.
tchiroumbi, être couché, être la tête appuyée.
tchiroutchibe, conjonctif.
tchisoui, lui-même.
tchokhome, entièrement.
tcholimbi, graver, sculpter.
tcholitchi, condit.
tchokto, orgueil.
tchoktolombi, être orgueilleux.
tchoktolorakôngge, celui qui n'est pas orgueilleux.
tchookha, armée, soldats.
tzang, grenier.
tze-Goung, nom d'un disciple de Confucius.

W

waka, non, ne pas être.
wakachambi, reprocher, blâmer.
wakachara, inf.
waliyambi, rejeter, perdre.
waliyarangge, ce qui est perdu.
wasimbi, descendre, tomber.
wasika, parfait.
weikhouken, léger, légèrement.
weilembi, servir.
weilere, inf.
weilerakô, présent nég.
welmyekou, hameçon.
wesikhoun, honneurs, dignités, honoré, au-dessus.
wesimbi, monter.
wesire, inf.

Y

yaboun, conduite.
yaboumbi, agir, marcher.
yaboume, inf.
yabou, imp.
yaboure, inf.
yabourengge, ce qui agit.
yaboukha, parf.
yaboutchi, condit.
yaboufi, gérondif passé.
yadambi, s'appauvrir.
yadafi, gérond. passé.
yadakhôn, pauvre.
yamdji, soir.
yangselambi, se bien vêtir.
yangselara, part.
yarfoun, bride, licou.
yao, nom d'un célèbre empereur de chine, qui régna vers 2300 avant notre ère.
yaya, en général, quoi que ce soit.
yooni, entièrement.
youyoumbi, être affamé.
youyoure, part prés.

VOCABULAIRE

DES MOTS MONGOLS

D'APRÈS

LA PRONONCIATION FIGURÉE

A

a, particule du datif, à, dans, par.
abtamoui, être saisi, emporté.
abtaksan, part. passé.
abtagdamoui, être saisi, renversé.
achida, éternité.
achik, profit, avantage.
adak, fin.
adali, semblable, comme.
adjiklamoui, observer, remarquer.
adjiklakhou, inf.
adjiklam, prés.
aghola, montagne.
agkolomoui, mettre, placer.
aghorasoun, biens, fortune.
ai, ah!
ailatomoui, voir, percevoir.
ailatoktchi, part. prés.
akha, frère, aîné.
akha degou, frère aîné et frère jeune, frères.
akha yekes, les anciens.
akha yeke bolghamoui, regarder comme aîné.
aksoun, profit, intérêt.
aksoum, fougueux.
aksormoui, mordre avec fureur.
aksortchou, gérond. prés.
amoui, être, rester, demeurer.
aktoun, imp.
akhou, inf.
akhoui, nom verb.
abai, parf.
abasou, condit., s'il est.
abatchou, conjonctif.
adjou, gérond. prés.
aksan, part. passé.
aksan bugesu, condit. passé, s'il avait été.
alamoui, tuer.
albatou, esclave.
albatou irgen, sujets, tributaires.
aldamoui, échapper, manquer.
aldakhou, fut.
aldar, gloire, réputation.
aldar nere, renommée.
ali, quoi, ce que.
aliya, pétulant, inconstant.
altan, or.
ama ou *amar*, bouche.
ama kele, parole.
amakta, seulement.
amarak, ami.
amin, vie, existence.
amitan, vivant, les êtres animés.
amour, repos.
amta ou *amtan*, goût, saveur.
amtaikhan, doux, agréable.
anamoui, être guéri, se rétablir.
anou, particule du sujet, ce qui est, quant à.
araki, vin, eau-de-vie.
arbitomoui, s'augmenter, s'accroître

arbitchaltai, avantageux, abondant.
arat, peuple, gens, ceux qui.
arghana, moyen, ressource.
arghalamoui, tromper, employer la ruse.
arghalabasou, condit.
arghas, artifices, ruses.
arilomoui, disparaître, être propre, pur.
arilkhou, inf.
ariloksan, part. passé, pur.
arisoun, gangue.
arsalan, lion.
asaghomoui, demander, interroger.
asagho, imp.
asaghokhoui, nom verb.
askharamoui, se répandre, couler.
askharan, gérond.
atala, pendant, jusqu'à, gérond. du v. *akhou*.
atchi, bienfait.
atchi ure, récompense, rémunération.
atchilal, piété filiale.
atchilamoui, être reconnaissant, faire acte de piété filiale.
atchilabasou, condit.

B

ba, aussi, de plus, de même.
bagha, petit.
baghator, brave.
baktamoui, être placé, contenir.
baktakhou, inf.
bal, miel.
balai, aveugle.
ban, marque de l'accusatif possessif, mon, ta, ton, se place après les mots terminés par une voyelle.
baramoui, dissiper, dépenser, terminer, achever.
baradjokhoui, plus-que-parfait.
barabasou, condit.
bardam, présomption.
barimoui, prendre, saisir, conserver, gouverner.
barikhou, inf.
baribasou, condit.
basa, aussi, encore.
basa tchou, encore.
basakou, cependant.
bayan, riche, heureux.
bayarlamoui, se réjouir, se divertir.
beki, fermeté.
beletmui, réparer.
beletdugei, optatif.
ber, marque de l'instrumentif, se place après les mots terminés par une voyelle; particule du sujet, ce qui est, quant à, particule conjonctive; quoique.
berke, difficile, difficilement, peine.
berkechiyel, difficulté.
beye, corps, personne.
bilik, sagesse, prudence.
bitchimui, écrire.
bitchi, imp.
bitchikui, nom verb. écriture.
bitchik, livre.
bochokhou, officier.
boghol, esclave.
bogda, saint, divin.
bolai, particule finale.
bolghamoui, faire produire.
bolghadjou, gérond. prés.
bolghabasou, condit.

boliyamoui, piller.
boliyakhou, inf.
bolomoui, être, devenir.
bolomou, prés.
boloyou, prés.
bolokton, imp.
bolkhou, fut.
bolsoghai, fut.
bolbasou, condit. si, quand.
bolbatchou, conjonct., quoique.
bolon, gérond. prés.
bologhat, gérond. passé, qui est, qui existe.
boloksan, part. passé.
boro, gris.
boro ger, tente.
boroghan, pluie.
bou, non, ne pas; se place seulement devant l'impératif.
boui, voir *buku*.
bouyou, voir *buku*.
boukha, bœuf.
bourkhan, Bouddha.
bourtak, souillures.
bousou, autre, aucun, contraire.
bousout, autres.
bouyan, vertu, bonne œuvre, bonheur, bienfait.
boui, prés.
boui abasou, s'il est, s'il peut être.
bouyou, prés.
bolai, particule finale, certes.
buluge, parf.
bugude, en général, ensemble.
bugesu, condit , quoique.
buget, part. passé, et, mais.
bugetele, gérond., jusqu'à être.
buke, force, puissance.
buku, être, tout.
bulimui, remuer en battant.
buliksen, part. passé.
bulitumui, se chauffer.
bulitku, futur, inf.
buri, chaque, tous
burgukdemui, être voilé, caché.
burgukdeksen, part. passé.
butumui, être fait, achevé.
butuku, inf.
butugemui, accomplir, faire.
butugem, prés.
butugeku, inf.
butugekui, nom verb.

CH

chachin, doctrine, religion.
chibaghon, oiseau.
chidar, près, proche.
chidartamoui, s'approcher.
chidartabasou, condit.
chidorghou, droiture.
chidjir, pur.
chiguderi, rosée.
chigumdjilemui, s'entretenir.
chigumdjileku, inf.
chimnous, démon.
chindjilemui, examiner, rechercher.
chindjile, imp.
chitaghamoui, brûler.
chitaghakhou, inf.
chitumui, avoir confiance, suivre.
chitubesu, condit.
chun, nom d'un empereur chinois.

D

dabamoui, enfreindre, transgresser.
daba, imp.
dabousoutou, salé.
daghamoui, se soumettre, obéir, suivre.
dagha, imp.
daghakhou, inf.
daghan, gérond. prés; — particule du datif possessif, à mon, à ton, etc.
daghoudamoui, lire.
daghoudaksan, part. passé.
daghoun, cri, mugissement.
daghouriskhamoui, crier, mugir.
daghouriskhan, gérond., écho, imitation.
daghouriyamoui, imiter.
daghouriyan, gérond.
daghouriyadjou, gérond.
daildamoui, se faire la guerre.
daisoun, ennemi.
dakin, sur.
dalai, mer.
daroi, alors, à l'instant.
daroumoui, presser, boucher.
daroudjou, gérond.
darougdamoui, être renversé, abattu.
darougdakhou, inf.
daroumta, fardeau, poids.
degdemui, voler, s'envoler.
degden gérond.
degedu, haut, élevé.
degedus, supérieurs.
degere, en haut, au-dessus.
degerme, voleur.
degen, particule du datif possessif, à mon, à son, etc.
degou, frère cadet.
degutchilemui, rendre les devoirs que les cadets doivent à leurs aînés.
degutchilebesu, condit.
deletmui, frapper, battre.
deletbesu, condit.
delekei, terre.
doliyamou, lécher.
doliyakhou, inf.
doliyaksan, part. passé.
doora, humble.
dooratou, inférieur.
dooratous, inférieurs.
doorachiyamoui, humilier, mépriser.
doorachiyakton, imp.
dotoglamoui, s'occuper de, préférer.
dotoglaktchi, part. prés.
dotora, intérieur, dans.
dotoraki, dedans.
dotoratcha, parmi, au milieu.
dou, particule du datif.
dour, particule du datif, à, aux, sur, dans; elle se place après les mots terminés par une voyelle et les lettres N, NG, L et M.
dour yien, autre forme du datif possessif.
doura, volonté, désir.
douratai, celui qui a le désir, avoir désir, désireux.
douratchi, qui aime, qui a désir.
douratchit, pluriel.
dourousoun, rouille.
durituku, représenter, figurer.
durituyu, prés.
durben, quatre.
dursu, figure.

DJ

dja, peut-être, il semble.
djabchiyan, profit, avantage.
djaghon, cent.
djalaghous, jeunes gens.
djalkhaghouramoui, être paresseux.
djalkhaghourakton, imp.
djang, naturel.
djarlik, ordre.
djaroumoui, employer, envoyer.
djaroukton, imp.
djasak, gouvernement.
djasamoui, réparer, traiter, établir, préparer.
djasadjou, gérond.
djasabasou, condit.
dji, particule de l'accusatif; se place après des mots terminés par une voyelle.
djighasoun, poisson.
djighasoutchin, pêcheur.
djigur, ailes.
djilogha, bride, rênes.
djikchimui, avoir en horreur, abhorrer, être désagréable.
djikchiksen, part. passé.
djirghal, plaisir, bonheur.
djirghamoui, avoir de la joie, se réjouir.
djirghaghoulmoui, réjouir, avoir de la joie.
djirghaghoulkhou, inf.
djiroumlamoui, imiter.
djiroumlan, gérond. prés.
djiruken, cœur.
djiyaghan, destinée, sort.
djobaghamoui, tourmenter, faire souffrir.
djobagham, prés.
djobaghakhou, inf.
djobamoui, souffrir, avoir de la peine, tourmenter.
djoba, imp.
djobabasou, condit.
djobalang, malheur.
djokimoui, il convient, il faut.
djokikhou, inf.
djokikhoui, nom verbal.
djokistai, convenable.
djoksomoui, être debout, se tenir debout.
djoksokhoui, nom verbal.
djoubak, chéneau.
djoubak nugen, tuyau, gargouille.
djui, mœurs.
djuk, monde.

E

e, particule du datif, à, au, dans, sur.
ebderel, destruction.
ebderemui, se briser, se détruire, se brouiller, se quereller, casser.
ebdereku, inf.
ebderebesu, condit.
ebdereget, gérond. passé.
ebdemui, briser, détruire.
ebdeyu, présent.
ebesu ou *ebesun*, herbe.
ebtei, décent, complaisant, soumis.
ed, biens, richesses.
ed aghorasoun, biens, trésor.
edjen, maître, prince.
edui, pas encore.

edur, jour.
eduge, présent. à présent.
egun, ce, celui-ci.
egun ou, de lui, de cela.
eguntche, de celui-ci, après, ensuite, plus que.
egur, nid.
egutemui, créer, produire.
eguteksen, part. passé.
eke, mère.
ekin, commencement.
edjige, âne.
ele, si.
eleglemui, se moquer, railler.
eleglektun, imp.
eligechiyemui, aimer tendrement.
eligechiyeku, inf.
eme, femme.
eme kumun, femme.
emgugdemui, être mâché.
emgugdeku, inf.
emtchi, médecin.
eng, constant. ordinaire.
erdem, vertu, mérite.
erdem bilik, sagesse.
erdemten, sage.
erdemten sait, sages.
erdeni, trésor. pierre précieuse.
ere, mâle, homme.
ere kumun, héros.
eremchiktchin, orgueilleux.
ergin, suprême.
ergimui, tourner, faire le tour.
ergumui, proposer, admirer.
erimui, chercher, rechercher.
erikui, nom verbal.
erin, gérond.
erke, moyen, pouvoir.
erke ugei, tout à fait, entièrement, sans force.
erten, autrefois, antiquité.
ese, non, ne pas; se place devant les temps passés et les participes.
eserku, opposé, contraire.
etche, particule de l'ablatif, de, d'après, que de; sert au comparatif.
etchige, père.
etchige eke, père et mère, parents.
etchinggiremui, s'amaigrir.
etchinggirebesu, condit.
etchus, fin

G

geikulumui, éclairer, illuminer.
geikulkui, nom verb.
geitchin, hôte, convive.
gele, on dit, il est dit.
gem, défaut, vice.
gemchimui, se repentir, regretter.
gemchikui, nom verb.
ger, maison, yourte, tente, famille.
gerel, lumière, éclat.
gerte, à la maison, dans la maison.
giget, et, aussi.
guitchemui, atteindre, poursuivre.
guitcheku, fut.
guitchekemui, remplir, accomplir.
guitchekeku, inf.
gul, jambes, pieds.
gun, profond.
gurugesun, bête sauvage.

GH

ghadjar, pays, contrée.
ghadjigho, débauche.
ghanggha, le Gange, fleuve de l'Inde.
ghaktcha, unique, un seul.
ghal, feu.
ghalaghon, canard.
ghaltou, de feu.
ghaltou khorakhai, ver luisant.
ghar, mains.
gharghamoui, délivrer.
gharghadjou, gérond.
gharomoui, sortir, produire.
gharkhou, inf.
ghatolomoui, passer une rivière.
ghatoldjou, gérond.
ghatchaghan, village.
ghorbi, sommet.
ghoutoul, bottes.

I

i, particule de l'accusatif; se place après les mots terminés par une consonne.
idegen, nourriture, aliments.
idemui, manger.
idekui, nom verb.
iniyemui, rire, plaisanter.
iniyebesu, condit.
inou, particule du sujet.
ilergeye, clairement.
ir, tranchant, coupant.
irgen, peuple.
iremui, venir.
ireksen, part. passé.
itegemui, avoir confiance, se fier.
itegedju, gérond.
itegeksen, part passé.
itegemdji, fidélité.
itcheguri, honte.
itchimui, rougir, avoir honte.
itchiku, inf.

K

kedui, quoique, malgré, combien.
kegere, désert, steppes.
kele ou *kelen*, langue.
keleben, ta langue.
keleber, avec la langue.
kelemui, parler, dire.
keleku, inf.
kelebetchu, conjonct.
kememui, dire.
kememu, prés.
kemekui, nom verb.
kemedjukui, plus-que-parfait.
kemebesu, condit.
kemebetchu, conjonct.
kemedju, gérond.
kemektchi, part. présent.
ken, qui, quel.
ken ber, quiconque.
ker, comment.
kerber, si.
kereglemui, employer, se servir.
keregledju, gérond.
kereglekun, besoin.
kerek, affaire, chose.

kerektei ou *kerektu*, il faut, on doit.
keriye, corbeau.
kertchimui, couper, morceler.
kertchin, gérond.
keter, cruel, colère.
keuken, enfant.
kidjaghalachi, limite, borne.
kidjaghalachi ugei, sans limites, illimité.
kimui, faire, former, verser dans.
kibesu, condit.
kibetchu, conj.
kiget, part. passé, étant fait, ayant fait, et, aussi.
kinamaghai, exigeant, circonspect.
kiri, nécessaire.
kiraghoun, gelée blanche.
kirtemui, se ternir, se brouiller.
kirteku inf.
kitoughan, couteau.
kitchiyenggui zèle, activité.
kitchiyemui, être zélé.
kitchiyeget, gérond. passé.
kubegun, fils.
kudjimui, se répandre.
kudjugun, cou.
kuke, vert.
kul, jambes.
kuldemui, se geler.
kuldemu, prés.
kulitchemui, souffrir, avoir patience.
kulitchekui, nom verb.
kuliyemui, attendre.
kuliyekui, nom verb.
kumugei, refuge, caverne.
kumun homme, autre, autrui.
kunggen, léger.
kurgemui, apporter, transmettre.
kurgeku, inf.
kurkuye, prés.
kurtegemui, obtenir, faire arriver.
kurtegektun, imp.
kurtegeku, inf.
kurugulumui, remettre, apporter.
kuruguluktun, imp.
kurumui, atteindre, parvenir, arriver.
kurtchu, gérond.
kuruktchit, part. présent pluriel.
kuruksen, part.
kurungge, graines, semences.
kusekun, passions.
kusemui, désirer, vouloir.
kuseku, inf.
kutchun, fort, très.
kutchun mekus, faible.
kutchulemui, employer la force.
kutchulebesu, condit.
kutulumui, guider, conduire.
kutulun, gérond.

KH

khabtaghai, plat.
khada, rocher.
khadam, parent, allié.
khadan, poli.
khaghan ou *khan*, prince, empereur, roi.
khaghormak, mensonge.
khaghoromoui, tromper, séduire.
khaghortchou, gérond. prés.
khailomoui, fondre, se fondre.
khailkhou, inf.
khaldamoui, coller, s'attacher.
khaldaksan, part. passé.
khalamoui, brûler.

khalakhou, inf., fut.
khamigha, où, en quel lieu? comment.
khamighaki, d'où, par où.
khamouk, tous.
khandaghai, élan, cerf.
khani, ami, compagnon.
khanilamoui, se lier d'amitié.
khanilakton, imp.
khanitchamoui, mener une vie déréglée.
khanitchakhou, inf.
khanoltai, satisfait.
khaoli, coutume.
khara, noir.
khara ger, tente, cuisine.
kharangghoui, obscur, ignorant.
kharangghos, ténèbres.
kharboumoui, lancer une flèche.
kharbouroun, parf.
kharchilamoui, se disputer.
kharchilabasou,
khari, étranger tributaire.
khari kumun, étranger.
kharigholamoui, répondre, restituer.
kharigholasoghai, fut.
kharigholal, reconnaissance.
khariltchan, l'un, l'autre.
kharimoui, retourner chez soi.
kharikhou, fut.
khas, jaspe, jade.
khoghosoun, vain, futile.
khoina, après, au-delà, à la suite.
khok, ordure, fumier.
khola, loin, éloigné.
kholaghai, brigand.
kholatomoui, s'éloigner.
kholatobasou, condit.
khongkho, clochette.
khonin, mouton.
khoor, mal.
khora, pluie.
khormoi, robe, habit.
khorokhai, ver, insecte.
khotala, tout.
khotchorghamoui, laisser.
khotchorghaksan, part. passé.
khoyar, deux.
khoudal, faux.
khoughouramoui, se briser, se casser.
khoughourakhou, inf.
khoughour, imp.
khoulaghomoui, voler.
khoulaghokhou, inf.
khoulousoun, roseau, bambou.
khoulousoun udjuk, plume de roseau.
khouraghamoui, augmenter, accumuler.
khouraghadjou, gérond. prés.
khouroughou, doigts.
khourtcha, pointu.
khourtchikinamoui, murmurer.
khourtchikinadjou, gérond. prés.
khoutouk, sainteté.
khoutchamoui, aboyer.

L

lougha, particule du comitatif, avec, près.
luge, particule du comitatif, avec, près.

M

maghou ou *maghoui*, méchant, mauvais.
managhar, demain.
mandjou, mantchou.
mandjouchiri, nom d'un des futurs Bouddha.
manglai, supérieur, puissant, principal.
masi, trop, très.
medemui, savoir, connaître.
medeku, inf.
medebesu, condit.
medebetchu, conjonct.
medektchi, part. prés.,
mekus, faible.
mengtze, Mencius, l'un des auteurs des quatre livres moraux.
mergen, sage, savant, habile.
merget, pluriel.
mese, épée.
metu, comme.
mikha, viande, chair.
minou, de moi, mon, mes.
modon, bois, arbre.
moghai, serpent.
mongghol, mongol.
morin ou *mori*, cheval.
moungkhak, sot, ignorant.
moungkhak ot, pluriel.
mun, également, le même.
mun ku, le même, de même.
mungke, principe immuable, immutabilité.
mur, chemin, traces, pas.
muren, rivière, fleuve.
muret, pluriel.

N

nabtchi, feuille.
naildjaghor, branche, rejeton.
nair, accord, paix.
nairtalbimoui, être modéré.
nairamdal, paix, tranquillité.
nairamdaghou, paisible, pacifique.
naran, soleil.
nebtergei, compréhensible, profond.
neileltchemui, se réunir, assembler.
neileltchebesu, condit.
neitchelemui, être ensemble.
neitchelebesu, condit.
nekemui, poursuivre.
nekedju, gérond. prés.
nememui, ajouter, augmenter.
nemeku, inf.
nemen, gérond.
nere, nom, réputation, renommée.
niduten, clairvoyant.
nigen, un, unique.
nigente, une fois.
nigul, péché, mauvaise action.
nigultu, mauvais, coupable.
noghokhan, verdure.
nokhai, chien.
nom, doctrine, religion, loi.
nomokhan, tranquille, dormante.
nugen, trou.
nugutchemui, entretenir.
nugutchebesu, condit.
nukur, ami, compagnon, compagne.
nukut, pluriel.
nukur khani, amis.
nukutchemui, être lié, faire amitié.
nukutche, imp.

O

oiratomoui, s'approcher.
oiratobasou, condit.
oira, proche.
okhor, court.
okta ou *okto*, jamais, tout à fait.
oktalamoui, couper, hacher.
oktalayo, prés.
oktarghoui, air, ciel.
olan, plusieurs, beaucoup, tous.
olanta ou *olana*, beaucoup.
oldamoui, trouver, acquérir.
oldakhou, inf.
oldja, proie, butin.
olomoui, obtenir, acquérir, trouver.
olkhou, inf.
olos, gens, peuple, nation.
omok, orgueil.
onggotcha, bateau.
onilamoui, bander l'arc, faire effort.
onilakhou, inf.
onilaksan, part. passé.
ontcha, une fois, seulement.
orogholomoui, tomber, descendre.
orogholon, gérond.
oromoui, entrer, enivrer.
oro, imp.
orokhou, inf.
orodjou, gérond.
oroksan, part. passé.
oron, lieu, place.
ol, particule qui marque le pluriel.
oyon, volonté, sentiment, intelligence.

OU

ou, particule du génitif, qui se place après les mots terminés par la lettre N.
oughoumoui, boire.
oughoukhou, inf.
oughoubasou, condit.
oughouromoui, rejeter.
oughourkhou, inf.
oulamoui, pleurer.
oulabasou, condit.
ouitkharlamoui, s'attrister, se chagriner.
oukhaghan, esprit, raison.
oukhaghatai, sage.
oumtoughaidamoui, être insouciant, négligent.
oumtoughaidakhou, inf.
oun, particule du génitif, qui se place après les mots terminés par les consonnes autres que la lettre N.
oungchimoui, lire, apprendre.
oungchikhoui, nom verb.
oungchibasou, condit.
ounoumoui, monter à cheval.
ounouba, parfait.
ourgha, corde.
ourghoumoui, croître, germer, grandir.
ourghoukhou, inf.
ourghoughoulomoui, accroître, faire accroître.
ourghoughoulkhou, inf.
ouriyamoui, embarrasser, entortiller.

ouriyakhou, inf. fut.
ourousmoui, couler.
ourouskhou, inf.
ourtou, long, longueur.
ousoun ou *ousou*, eau.
outchir, occasion, moment.

S

saba, vase.
sagigholsoun, gardien, défenseur, protecteur.
saghomoui, s'asseoir, demeurer, siéger.
saghokhou, inf.
saghokhoui, nom verb.
saghobasou, condit.
säghodjou, gérond.
sain, bon, bien heureux.
sait, pluriel.
saitou, bon.
saitour, entièrement, tout à fait.
sakimoui, défendre, protéger.
sakikhou, inf.
salgin, vent.
sanagha ou *sanaghan*, esprit, idée, pensée, cœur.
sanamoui, penser, réfléchir, choisir.
sanaksan, part. passé.
saran, lune, mois.
satchoumoui, semer, répandre.
satchoubasou, condit.
sedjik, doute, incrédulité.
sedjiglemui, douter.
sedjiglekui, nom verb., doute.
seguder, ombre.
segul, queue.
selbimui, conduire.
selbiku, inf.
selbin, gérond.
setkil ou *setgil*, esprit, pensée, conscience.
setkimui, penser, réfléchir, méditer.
setkiku, inf.
setki imp.
sokhor, aveugle.
sonosmoui, écouter, entendre.
sonos, imp.
sonostchou, gérond.
sou ou *sun*, lait.
sondoulomoui, s'appliquer.
soudouloksan, part. passé, application.
soumouu, flèche.
souroumoui, apprendre, étudier.
sourkhou, inf.
sourkhoui, nom verb., étude.
souroukton, imp.
sourbai, parfait.
sourbasou, condit.
soughaghouli, école.
sourghamoui, instruire, habituer.
sourghakhoui, nom verbal.
sourouksaghar. ce qui est appris en excès, apprendre sans cesse.
sourtal, instruction.
sun, lait.
suni, nuit.

T

tailomoui, délier, déboutonner.
tailba, imp.
talbimoui, mettre, poser.
talbikton, imp.
takimdaghou, piété filiale.
tan, vous.

taolai, lièvre.
tasoulomoui, briser, interrompre.
tedui, à l'instant.
tedui bou dja, puisque.
tedjiyemui, nourrir, entretenir.
tedjiyen, gérond. prés.
tegen, particule du datif possessif, à mon, à ton, etc.
tegri, ciel.
tegun, ce, cela.
tegun ou, de lui, de soi.
teguni, lui, cela.
tektchi, tranquillité.
telgeremui, s'étendre.
telgeredju, gérond.
temur, fer.
tenek, sot.
tengsemui, comparer, se comparer.
tengseku, inf.
tere, ce, cela.
terge, charriot.
terigulemui, commencer.
teriguleget, gérond. passé.
tib, îles, dwipas.
todorkhailamoui, interpréter, éclaircir.
todorkhailasoughai, fut.
toghon, marmite.
toktal, interruption.
toktamoui ou *toktomoui*, s'arrêter, demeurer, rester.
toktayo, prés.
toktakhou, inf.
toktaghamoui, retenir, arrèter.
toktagha, imp.
toktaghakhou, inf.
toktanimoui, s'arrêter, se fixer, s'affermir.
tologhai, tête.
toli, miroir.
tongghalak, clair.
tosomoui, préparer.
tosoun, beurre.
tou, particule du datif, à, au.
touchial, service, commission.
toula, à cause, pour.
toulada, pour, à cause.
tour, particule du datif; se place après les mots terminés par les consonnes K, B, S, T, R.
tourangkhai, calamité.
tousa, profit, avantage, utile.
tousalamoui, aider, rendre service, avoir recours.
tousalam, prés.
tousa'akhou, inf.
tubchin, tranquillité, tranquille, droit.
tuchimel, magistrat, ministre.
tulekdemui, être brûlé.
tulekdeksen, part. passé.
tulimui, brûler, mettre le feu.
tulibetchu, conjonct.
tumen, dix mille, tous.
turgen, aussitôt, vitesse, promptitude.
turu, état, gouvernement, principe.
turuge, né.
turul, naissance, renaissance.
turumui, naître, renaître, vivre.
turuyu, prés.
turuku, inf.
turukui, nom verb.
turun, gérond.

TCH

tchagadja, lois.
tchaiksan, blanchi.
tchak, temps, saison.
tchaklachi ugei, innombrable, extrêmement.
tchatchouk, houppe
tchegedjilimui, apprendre par cœur.
tchegedjilen, gérond.
tchenggeldumui, se réjouir.
tchenggelduktchit, part. prés. pluriel.
tchi, tu, toi.
tchinou, de toi
tchidamoui, pouvoir.
tchidakhou, inf. fut.
tchidayo, prés.
tchiglen, emboîtage, but.
tchiki, oreilles.
tchikhoul, étroit, resserré.
tchilaghon, pierre.
tchimemui, orner, parer.
tchimeksen, part. passé.
tchimugen, fémur, cuisse.
tchinar, nature.
tchingghalamoui, affermir.
tchingghalan, gérond. présent.
tchinoa, loup.
tchirik, soldat.
tchisoun, neige.
tchitkhoumoui, se verser, se répandre.
tchitkhoubasou, condit.
tchoghorkhoui, troué, percé.
tchoghoulbourilamoui, graver, tailler.
tchoghoulbourilakhou, inf.
tchokhom, tout à fait, entièrement.
tchoksalamoui, construire, bâtir.
tchoksalaghar, construire sans cesse.
tchou, quand, aussi.
tchouglaraghoulomoui, amasser, accumuler.
tchouglaraghoulon, gérond prés.
tchoutchal, tison, brandon.
tchutchugei, résidu, marc.

U

uber, soi-même, lui-même, eux-mêmes, propre.
uber oun, propre, en propre, de soi-même.
ubere, autrement, à part, étranger, autre.
ubesuben, de même.
udjel, vue.
udjemui, voir, regarder, considérer.
udjektun, imp.
udjekui, nom verb.
udjegulku, montrer, faire voir.
udjegulun, gérond. prés.
udjesgulengtu, joli, beau.
udjugur, cime.
udjugurgemui, marcher, aller au bout.
udjugurgektun, imp.
udjugurgekui, nom verb.
udjuk, plume de roseau.
uge, mot.
uges, pluriel.
ugegun, pauvre
ugeguye, sans, ne pas.

ugei, non, ne pas, sans, manque, ne pas être, il n'est pas; se place aussi après différents temps des verbes.
ugekuremui, s'appauvrir.
ugekurebesu, condit.
ugin, fille.
uglige, aumône.
ugulel, mot.
ugulemui, dire, parler.
uguleku, inf.
ugulekui, nom verb.
uguleksen, part. passé.
uile, action.
uiles, pluriel.
uiletemui, agir, faire, accomplir.
uilet, imp.
uiletku, fut. action.
uiletbesu, condit.
uiletchilemui, servir, faire.
uiletchilekui, nom verb.
uiletchilektun, imp.
uker, bœuf.
ukkumui, donner, présenter.
ukbesu, condit.
ukumui, mourir, se tuer.
ukum, prés.
ukuku, inf.
ukukui, nom verb.
ukube, parf.
ukubesu, condit.
ukubetchu, conjonct.
ukuleksen, part. passé.
uledegemui, laisser en repos.
uledegektun, imp.
ulemdji, beaucoup, supérieur.
ulu, non, ne pas; négative qui se place devant les verbes au présent, futur, infinitif, participe et gérondif.
ulugei, berceau.
ulusguleng, affamé.
umugiremui, pourrir.
umugireksen, part. passé.
ünen, vrai, sincère.
uneger, renard.
unetu, valeur, prix.
undur, haut, étendue, immense.
ungge, couleur.
ure, fruit, profit.
urgulájide, toujours, continuellement.
uruchiyel, charité, humanité.
uruchiyel ugei, inhumanité.
usuk, lettre, caractère.
usu ou *usun*, cheveux, poils.
utegus, vieillard.
utchimui, répondre.
utchikui, nom verb.
utchugen, petit, peu.

Y

yabomoui, marcher, agir.
yabokhou, inf.
yabokhoui, nom verb., celui qui marche, marcheur.
yabobasou, condit.
yabodjou, gérond. prés.
yaboghat, gérond passé.
yaboktchit, part. prés. pluriel.
yabodal, action, règle, conduite.
yaghoun, quoi? quoi que ce soit?
yakin, comment?
yao, nom d'un célèbre empereur chinois.
yara, blessure, maladie.

yasoun, os.
yeke, beaucoup, très, grand, élevé.
yekede, beaucoup, fort.
yeru, en général, généralement.
yien, particule de l'accusatif possessif, qui se place après les mots terminés par une consonne.
yier, particule de l'instrumentif, qui se place après les mots terminés par une consonne.
yin, particule du génitif, qui se place après les mots terminés par une voyelle.
yosoun, loi, raison.
youghan, particule du génitif possessif.
yougen, particule du génitif possessif.

ERRATA

Pages					
49	—	48	*gosara,*	lisez	*gasara.*
50	—	50	*khafarakô,*	—	*khalarakhô*
54	—	69	*khiyanakô,*	—	*khiyenakô.*
54	—	73	*ilara,*	—	*ilire.*
58	—	92	*okho,*	—	*orkho.*
58	—	93	*oudou,*	—	*ourou.*
106	—	7	*barabason,*	—	*barabasou.*
109	—	28	*ugelemui,*	—	*ugulemui.*
111	—	37	*souya,*	—	*sou.*
116	—	67	*touranghai,*	—	*tourangkhai.*
124	—	113	*bergechiel,*	—	*berkechiel.*

PARIS. Typ. JULES-JUTEAU et FILS, Passage du Caire, 29 & 31

www.ingramcontent.com/pod-product-compliance
Lightning Source LLC
Chambersburg PA
CBHW072241270326
41930CB00010B/2216
* 9 7 8 2 0 1 2 6 2 5 2 7 3 *